Geschichte
SÜDTIROLS

**Bibliografische Information
der Deutschen Nationalbibliothek**
Die Deutsche Nationalbibliothek verzeichnet diese
Publikation in der Deutschen Nationalbibliografie;
detaillierte bibliografische Daten sind im Internet
abrufbar: http://dnb.d-nb.de

8. Auflage 2024
© Athesia Buch GmbH, Bozen (2000)

Design & Layout: Athesia-Tappeiner Verlag
Bildbearbeitung: Typoplus, Frangart
Druck: Athesia Druck, Bozen
Papier: Umschlag Symbol Card, Innenteil Munken lynx

Gesamtkatalog unter
www.athesia-tappeiner.com

Fragen und Hinweise bitte an
buchverlag@athesia.it

ISBN 978-88-6839-267-3

Bildbeschreibung Umschlag
Ettore Tolomei, Silvius Magnago,
Luis Durnwalder und Michael Gamper
(von links)

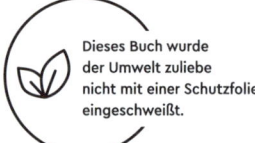

Dieses Buch wurde
der Umwelt zuliebe
nicht mit einer Schutzfolie
eingeschweißt.

ALFONS GRUBER

Geschichte
SÜDTIROLS

Streifzüge durch das 20. Jahrhundert

 ATHESIA VERLAG

Ein Volk,
das um nichts
anderes kämpft
als um sein
natürliches und
verbrieftes Recht,
wird den
Herrgott zum
Bundesgenossen
haben.

Michael Gamper

Inhalt

Zum Geleit

Es gibt viele willkürlich gezogene Grenzen auf der Welt. Zu den willkürlichsten gehört wohl jene am Brenner, die das Land Tirol teilt, auch wenn sie in den vergangenen Jahren immer durchlässiger geworden ist: Seit Anfang 1998 gibt es dort keine Kontrollen mehr. Diese Grenze, nur 38 Kilometer südlich von Innsbruck, wurde 1919 im Friedensvertrag von Saint-Germain festgelegt, als Italien der Preis für seinen Kriegseintritt 1915 an der Seite der Entente ausgezahlt wurde. Trotz des vom amerikanischen Präsidenten Woodrow Wilson verkündeten Rechts auf Selbstbestimmung der Völker wurde Italien ein Gebiet zugesprochen, das seit mehr als fünf Jahrhunderten zu Österreich gehört hatte und zu 99 Prozent von einer deutschsprachigen Bevölkerung bewohnt war.

Von nun an gab es eine »Südtirol-Frage«. Es folgten leidvolle Kapitel: die Italianisierungspolitik der Faschisten, dann die »Option«, der Zweite Weltkrieg, am Ende des Krieges kein Zurück zu Österreich, statt Selbstbestimmung eine Autonomie, die zur Scheinautonomie wurde, immer wieder Demonstrationen, dann Bomben, Attentate, Tote. Am Ende siegte die Diplomatie: Mit dem »Paket« des Jahres 1969 wurde der Weg zu einer lebenswerten Autonomie beschritten. Alfons Gruber, selbst Südtiroler, hat diese wichtigen Stationen der Geschichte Südtirols in 13 Kapiteln anschaulich und kenntnisreich erstmals 2000 beschrieben. Seine »Streifzüge« erscheinen nunmehr in der 6. Auflage, erweitert um einen Beitrag über Luis Durnwalder, Südtirols Landeshauptmann von 1989 bis 2014.

Alfons Gruber ist ein begnadeter Chronist seiner Heimat. Wer mehr über die Geschichte Südtirols erfahren möchte, sollte sein Buch lesen. Lesevergnügen ist garantiert.

Rolf Steininger

Innsbruck, im Sommer 2017

Vorwort

Die Zeit ist eine sanftmütige Göttin, sagte der griechische Dramatiker Sophokles einmal. Aber gelegentlich knallt sie auch ganz gehörig mit der Peitsche. Das kann dann für die Zeitgenossen zur argen Heimsuchung werden.

Von ihrer sanftmütigen Seite haben die Südtiroler die »Göttin Zeit« in der ersten Hälfte des 20. Jahrhunderts nicht zu spüren bekommen. Ganz im Gegenteil: Es war ein Golgota, ein Kreuzweg, der schon an den Fronten des Ersten Weltkrieges begann. Dann die Abtrennung vom Vaterland Österreich und die faschistischen **Peitschenhiebe,** denen viele Südtiroler in den 1920er und 1930er Jahren ausgesetzt waren. Nicht minder schmerzhaft war die Drangsal zur Zeit der »Option«, als die Menschen im Lande zwischen »faschistischer Skylla« und »nationalsozialistischer Charybdis« entscheiden mussten. Ungeheuer waren sie beide.

Obwohl nach dem Zweiten Weltkrieg den Südtirolern – genauso wie nach dem Ersten – das Selbstbestimmungsrecht verweigert wurde, war mit dem Pariser Vertrag (1946) ein international gültiges Dokument geschaffen, das Italien insofern in die Schranken wies, als Österreich nun offiziell als Schutzmacht der Südtiroler auftreten konnte.

Kanonikus Michael Gamper hat diesen Vertrag einmal als »Magna Charta« der Südtiroler bezeichnet. Freilich: Bis diese »Charta« mit politischem, kulturellem, wirtschaftlichem und sozialem Leben erfüllt wurde, mussten Österreich und die Südtiroler Volkspartei noch hart mit verschiedenen italienischen Regierungen ringen.

Die Wende kam mit der Genehmigung des sogenannten »Südtirol-Pakets« in Meran (1969) und der daraus resultierenden Verabschiedung des Zweiten Autonomiestatutes im Jahr 1972. Nun war das Fundament gezimmert, auf dem die Südtiroler ihr »autonomes Haus« bauen konnten.

Sie taten es in den vergangenen 45 Jahren mit Eifer und Geschick. Der Erfolg ist weithin sichtbar. Südtirol ist heute eine blühende Landschaft, viele Menschen sind wie auf der Sonnenseite des Lebens gebettet. Die »Göttin Zeit« zeigt sich von ihrer sanftmütigen und mildtätigen Seite.

Dieser **Wetterumschwung** spiegelt sich in den vorliegenden Streifzügen durch die Geschichte Südtirols im 20. Jahrhundert. Turbulenzen beherrschen die ersten siebzig Jahre des Jahrhunderts. Dann beginnt sich der Himmel zu lichten. Heute herrscht in Südtirol vielerorts eitel Sonnenschein, auch wenn gewisse »Eintrübungen« unübersehbar sind. Bei Weitem nicht alle Menschen im Lande haben einen Platz an der Sonne.

Die Streifzüge sind in der vorliegenden sechsten Auflage mit dem Kapitel über »Durnwalder – der Macher« erweitert worden. Auf 14 Seiten werden die Verdienste und Leistungen von Luis Durnwalder, der von 1989 bis 2014 Landeshauptmann von Südtirol war, dargestellt. Durnwalder konnte auf den Grundlagen auf- und weiterbauen, welche Silvius Magnago zuvor geschaffen hatte. Heute hat Südtirol eine in wesentlichen Teilen hervorragende Autonomie, die dem Land in vielen Bereichen kulturelle, soziale und wirtschaftliche Sicherheit garantiert. Das ist in hohem Maße Luis Durnwalder zu verdanken. Die vorliegenden Streifzüge, die nun auch als E-Book in deutscher und italienischer Sprache erscheinen, beanspruchen keine Vollständigkeit, vielmehr wollen sie als Marksteine aufgrund von geschichtlichen Fakten mit bisweilen eingeblendeten Geschichten verstanden werden.

Ich danke dem Verlagshaus Athesia für die Drucklegung der sechsten Auflage (incl. E-Book), insbesondere Verlagsleiterin Ingrid Marmsoler und Programmleiter Stephan Leitner für die aufmerksame Begleitung. Professor Rolf Steiniger, em. Ordinarius für Zeitgeschichte an der Universität Innsbruck, danke ich für das Geleitwort.

Alfons Gruber

Bozen, im Herbst 2017

Sonder-Ausgabe.

Brixener Chronik.

Illustrierte Beilage
Zeitung für das katholische Volk.
„Sterne und Blumen".

| Nummer 117 | Montag, den 24. Mai 1915. | 28. Jahrgang. |

Der Krieg mit Italien.

Die Kriegserklärung erfolgt!

Wien, 23. Mai. (K.-B.) Der italienische Botschafter Avarna überreichte heute nachmittags dem Minister des Aeußern Burian die Kriegserklärung, worin es heißt: Italien gab am 4. Mai der österr.-ungar. Regierung die schwerwiegenden Gründe bekannt, weshalb Italien im Vertrauen auf sein gutes Recht den Bundesvertrag mit Oesterreich-Ungarn, der von der österr.-ung. Regierung verletzt wurde, für nichtig und wirkungslos erklärt, dadurch seine volle Handlungsfreiheit wieder erlangt hat und fest entschlossen ist, mit allen Mitteln für die Wahrung der italienischen Rechte und Interessen Sorge zu tragen. Daher erachtet es die italienische Regierung als ihre Pflicht, alle Maßregeln zu ergreifen gegen jede gegenwärtige und zukünftige Bedrohung und zur Erfüllung seiner nationalen Bestrebungen.

Der König betrachtet sich von morgen ab als im Kriegszustand mit Oesterreich-Ungarn befindlich.

Am 23. Mai 1915 übergab der italienische Botschafter Avarna dem österreichischen Außenminister Burian die Kriegserklärung. Der folgenschwere Schritt Italiens, das zuvor mit Österreich-Ungarn im Dreibund vereint war, fand in der Presse ein großes Echo.

Italiens Schwenk im Jahr 1915

Südtirol ist ein über ein Jahrtausend altes deutsches Siedlungsgebiet – Grenzland zwar schon seit fast urdenklichen Zeiten, aber dennoch tief im deutschen Kulturraum verankert. Seit dem Jahr 1363 gehörte Tirol zu Habsburg. Nur in jenen Jahren zu Beginn des 19. Jahrhunderts, als Napoleon die Peitsche über weite Teile Europas schwang, war Tirol zerrissen. Nach der Niederlage der Tiroler am Bergisel (1809) wurde das Land geteilt. Der nördliche Teil bis Meran und Klausen kam zu dem mit Napoleon verbündeten Bayern, der Teil südlich davon wurde von Napoleon dem Regno d'Italia einverleibt. Nach Napoleons **Waterloo** wurde Tirol wieder mit Österreich vereinigt und blieb es bis zum Friedensvertrag von Saint-Germain im Jahr 1919.

Die entscheidenden Weichen für die Abtrennung Südtirols und die Einverleibung an Italien wurden im Jahr 1915 gestellt. Am 26. April jenes Jahres wurde in London ein Geheimabkommen unterzeichnet, in dem sich Italien verpflichtete, den Dreierbund mit Österreich-Ungarn und dem Deutschen Reich zu kündigen und an der Seite der Entente in den Krieg gegen Österreich einzutreten. Als Preis für diesen Schwenk wurden Italien von der Entente Kolonien, Erwerbungen an der Adria, das Trentino und Tirol von Salurn bis zum Brenner in Aussicht gestellt.

Italien konnte sich am Ende des Ersten Weltkrieges mit Frankreich, England und den USA zu den Siegermächten gesellen. Im Friedensvertrag von Saint-Germain verlangte Rom die Auszahlung des Preises, der 1915 versprochen worden war. Aber die Rechnung ging nur zum Teil auf. Von den erhofften Gebieten an der Adria erhielt es nur den östlichen Teil von Friaul–Julisch-Venetien mit Triest und Istrien; die dalmatinischen Küstenstreifen hingegen kamen zum neuen Staat Jugoslawien, und bei der Aufteilung der deutschen Kolonien ging Italien völlig leer aus. Umso mehr pochte es auf die Einhaltung des Londoner Versprechens, was das Trentino und Südtirol betraf.

Mit Südtirol annektierte Italien rein deutsches Siedlungsgebiet. Damit verstießen die Siegermächte nicht nur gegen die »Vierzehn Punkte« des amerikanischen Präsidenten Wilson, der das Selbstbestimmungsrecht der Völker zur Grundlage einer künftigen dauerhaften Friedensordnung erklärt hatte. In Punkt 9 der Vierzehn Punkte wurde zudem ausdrücklich festgehalten, dass die zukünftige Grenze Italiens nach einer *klar erkennbaren Linie der Nationalität* verlaufen solle. Das konnte nur die Sprachgrenze an der Salurner Klause sein. Italien verleugnete mit der Annexion auch die Prinzipien seines Kampfes um die Einheit. Zu den »heiligen Gesetzen« des Risorgimento gehörte es, dass Volkstumsgrenzen und Staatsgrenzen zusammenfallen sollten. Kein Volksstamm dürfe gegen seinen Willen diesem Staate angehören.

Aber eines war die Theorie und ein anderes die staatspolitische Praxis. Tatsache war, dass am Ende des Ersten Weltkrieges nicht Grundsätze der politischen Moral die Politik der Siegermächte beherrschten, sondern die kaltschnäuzigen Praktiken eiskalter Machtpolitik. In Paris wurde 1919 nicht über den Frieden in Europa verhandelt, sondern von den Siegern wurde der sogenannte Friede diktiert. In dieser Perspektive war es nur logisch, dass den Südtirolern 1919 das Recht auf Selbstbestimmung verweigert und Italien nicht einmal zur Gewährung einer Autonomie verpflichtet wurde.

Die Habsburgermonarchie war mit dem Ende des Weltkrieges in sich zusammengebrochen, der neue Staat Österreich, der aus den Trümmern erstand, war wie ein politisches Findelkind, ohnmächtig und hilflos und in dieser Torso-Konstellation auch von vielen eigenen Bürgern nicht gewollt. In Saint-Germain hatte Italien seine machtpolitischen Karten voll ins Spiel gebracht. Österreich konnte dem nichts entgegensetzen und musste einen Frieden unterzeichnen, der diesen Namen nicht verdient hat. Bereits bei den Verhandlungen um den Waffenstillstand zwischen Österreich und Italien in den ersten Novembertagen des Jahres 1918 in der **Villa Giusti** in der Nähe von Padua kündigte sich die Götterdämmerung an.

Zeitenwende

Die dramatischen Tage in der Villa Giusti

Die Szene wirkt gespenstisch. Die Nacht hat ihre langen Schatten auf Berg und Tal gelegt. Ein kalter Wind fegt über die brachliegenden Felder. Im Windschatten eines Bahndammes findet die Begegnung statt. Eine Taschenlampe wirft ein dünnes Licht auf ein Blatt Papier. Dieses Papier ist ein amtliches Dokument – historisch vielleicht von großer Wirkung. Im Hintergrund – kilometerweit entfernt – dröhnt immer wieder das Donnern von Kanonen: tödliche Signale von feindlichen Gefechten zwischen österreichischen und italienischen Soldaten.

Die Villa Giusti in der Nähe von Padua (Aufnahme aus dem Jahre 1918)

General Weber von Webenau leitete die österreichisch-ungarische Delegation bei den Waffenstillstandsverhandlungen in der Villa Giusti.

Es ist der 30. Oktober des Jahres 1918. In Europa tobt seit vier Jahren ein mörderischer Krieg. Unzählige Tote und Verletzte liegen auf den Schlachtfeldern, und Dutzende von Frontlinien trennen als feindliche Barrieren die Völker. Eine Front liegt im Trentino, sie zieht sich im Süden von Rovereto gegen Serravalle an der Etsch. Dort stehen sich österreichische und italienische Truppen als Feinde gegenüber, Alpini auf der italienischen Seite und Kaiserjäger auf der österreichischen.

Es ist 19.20 Uhr ...

Die österreichische Frontlinie liegt direkt am Etschdamm. Es ist 19.20 Uhr. Zwei hohe österreichische Militärangehörige gehen zu Fuß den Damm entlang: General Weber von Webenau und Oberst Karl Schneller, voraus schreitet ein Hornist, der die weiße Fahne trägt und unablässig den Generalmarsch bläst. Die Italiener auf der Südseite des Dammes beantworten diese Hornsignale mit dem italienischen Signal *Feuer einstellen.* Die Österreicher werden von mehreren starken Scheinwerfern angestrahlt. Sie marschieren gewissermaßen in den Lichtkegeln der italienischen Scheinwerfer. Plötzlich fallen Schüsse. Die Kugeln schlagen nur wenige Meter von den Österreichern entfernt ein. Es hätte eine Katastrophe werden können, aber zum Glück graben sich die Geschosse in die Erde.

Aus der italienischen Stellung nähert sich ein Offizier. Augusto Bergonzi salutiert mit pathetischer Geste und erklärt forsch: *Ich habe den Auftrag, niemanden über unsere Linien zu lassen. Ich kann nur eines tun: Euer Schreiben an unsere oberste Heeresleitung, das Comando Supremo, weiterleiten.* Darauf die Österreicher: *Wir sind keine gewöhnlichen Unterhändler, wir sind Abgesandte des österreichisch-ungarischen Oberkommandos und haben den Auftrag, Verhandlungen über den Abschluß eines Waffenstillstandes zu führen.*

Die Österreicher zeigen ihre Vollmachtschreiben. Der Alpinimajor, der deutsch versteht, zieht die Taschenlampe heraus und liest im dünnen Lichtkegel der Lampe die Vollmachten. Dann ersucht er zu warten. *Ich werde meinem vorgesetzten Kommando Meldung erstatten und weitere Weisungen werden folgen,* erklärt er.

Sehnsucht nach Frieden

General Weber von Webenau, Oberst Schneller und der Hornist müssen sich mit Geduld wappnen. Inzwischen ist es schon finstere Nacht geworden. Hinter den Bergen liegen irgendwo der Pasubio und der Col di Lana, wo in den vergangenen Wochen und Monaten erbittert und für beide Seiten verlustreich gekämpft worden ist. Und noch viel weiter entfernt – im Osten – fließen der Piave und der Isonzo, zwei Flüsse, die zum Schicksal für das Kriegsglück der österreichisch-ungarischen Truppen geworden sind. Nach anfänglichen Erfolgen mussten sie das Feld vor den Italienern räumen und ihre Truppen zurückziehen. Am Piave sah es in den vergangenen Wochen nicht mehr gut aus für die Soldaten der K.-u.-k.-Monarchie. Tausende verbluteten in der Schlacht, in einem Krieg, der lange schon sinnlos geworden war. Ein ehrenvoller Waffenstillstand und dann ein ehrenvoller Friede – das ist die Sehnsucht von Tausenden und Abertausenden von Soldaten.

Über eine Stunde warten sie nun bereits, die drei k. u. k. Unterhändler, die Zeit kommt ihnen wie eine Ewigkeit vor. Da endlich bewegt sich etwas in der finsteren Nacht, der Schatten des italienischen Majors taucht aus der Dunkelheit auf. *Ich habe für Euch einen Passierschein, mit dem Ihr die Linien überschreiten dürft. Bitte folgt mir!*

Der Weg führt hinunter in tiefe Schützengräben, wo aufgeregte italienische Infanteristen lautstark durcheinanderschnattern, es werden Drahthindernisse überquert, und dann verbindet ein Leutnant den drei Österreichern die Augen. Das scheint bei der stockfinsteren Nacht zwar überflüssig, ist jedoch bei Unterhändlern eine übliche Vorsichtsmaßnahme. Nach einer guten halben Stunde – immer wieder müssen Laufgräben durchquert werden, die sich endlos hinzuziehen scheinen – wird den Österreichern im Lichtkegel greller Scheinwerfer die Binde von den Augen genommen. *Bitte einsteigen*, lautet jetzt die Order der Italiener. Einige Autos fahren vor und bringen die drei Unterhändler in das nahe gelegene Avio, wo in der Villa eines Grafen das Hauptquartier der 26. italienischen Infanteriedivision untergebracht ist.

»Wir wollen weiteres Blutvergießen vermeiden!«

Inzwischen ist es schon tiefe Nacht. Die Italiener kredenzen ein für Kriegszeiten fürstliches Abendessen, und danach beginnen die Gespräche. General Weber von Webenau formuliert den Antrag der K.-u.-k.-Monarchie: *Wir wollen weiteres Blutvergießen vermeiden und wünschen so rasch wie möglich zu einem Waffenstillstand zu kommen und dann zu einem ehrenhaften Frieden. Unser Wunsch ist es, lieber noch heute als morgen mit den Verhandlungen zur Einstellung aller Kampfhandlungen zu beginnen.*

Die Italiener scheinen es weniger eilig zu haben. Die Zeit arbeitet offensichtlich für sie. Mit jedem Tag können sie ihre Frontlinien weiter nach Norden vorschieben. Der italienische Generaloberst unterbricht immer wieder die Gespräche, entfernt sich aus dem Sitzungssaal und eilt zum Telefon. Er berät mit der obersten italienischen Heeresleitung,

Oberstleutnant Victor von Seiller war Mitglied und Dolmetscher der Kommission.

dem Comando Supremo. Die Gespräche ziehen sich bis weit über Mitternacht hin. Die Delegierten sind der Erschöpfung nahe. Endlich kommt die **erlösende** Botschaft. Um vier Uhr morgens trifft ein Telegramm des Comando Supremo ein. Die Österreicher erhalten die offizielle Erlaubnis, die italienischen Linien bei Serravalle zu überschreiten. Damit ist das Signal für den Beginn der Waffenstillstandsverhandlungen zwischen Italien und Österreich gegeben. Was werden die kommenden Tage bringen?

Es ist der 31. Oktober des Jahres 1918. Die Mitglieder der österreichisch-ungarischen Waffenstillstandskommission werden unter größter Geheimhaltung von Serravalle im Trentino in die Villa Giusti befördert. Die Limousine, in der sie reisen, ist verschlossen, keiner der italienischen Soldaten soll erfahren, dass die Verhandlungen über den Waffenstillstand unmittelbar bevorstehen. Die Villa Giusti liegt auf halbem Wege zwischen Padua und dem Kurort Abano. In diesem Gebäude, das einem italienischen Senator gehört, fallen in den Tagen zwischen dem 1. und 4. November die Würfel, welche die mitteleuropäische Landkarte verändern. Die politischen Weichen für die Zukunft Österreichs und Italiens werden neu gestellt.

Die k. u. k. Kommission trifft gegen 19 Uhr in der Villa Giusti ein. Die Herren der Delegation werden in dem altehrwürdigen Gebäude vortrefflich untergebracht. Vom Fenster aus blickt General Weber von Webenau, der die Kommission leitet, hinaus in den Park, in dem herbstlich vergilbte Blätter immer wieder leise von den Bäumen fallen. Die Jahreszeit erfüllt ihn mit Traurigkeit und Schmerz, noch dazu, wenn er an sein Vaterland denkt. Die vielen Völkerschaften der Habsburgermonarchie, die Italiener, die Tschechen, die Ungarn, slawische Völker, sie alle streben auseinander. Ein Riesenreich, das viele Jahrhunderte hindurch Weltgeschichte gestaltet hat, zerfällt. Hier in der Villa Giusti wird vermutlich der Schlussstrich unter eine lange geschichtliche Epoche gezogen werden. Ein schmerzlicher Schlussstrich, dann wird es noch den Friedensvertrag geben, der in Paris abgeschlossen wird.

Gespräche am runden Tisch

Die Österreicher möchten unverzüglich mit den Verhandlungen beginnen, aber die Italiener lassen sich Zeit, denn sie sitzen am längeren Hebel. Erst für den 1. November um 9 Uhr ist die erste Sitzung anberaumt. Die Italiener erklären, sie müssten erst ein Fernschreiben aus Paris abwarten. In der französischen Hauptstadt hat der Interalliierte Militärrat seinen Sitz. Das ist die oberste Militärbehörde der Alliierten, der Franzosen, Engländer, Amerikaner und ihrer Verbündeten. Dieser Rat diktiert die Bedingungen auch für den Waffenstillstand zwischen Italien und der Habsburgermonarchie.

Am 1. November, knapp vor 9 Uhr, ertönen Hornsignale vor der Villa Giusti. Eine Kavallerieeskorte hält wenige Meter vor dem Eingangsportal. Mehr als ein halbes Dutzend italienischer Generäle salutiert. Die italienische Delegation trifft zur ersten Verhandlungssitzung in der Villa

VIII.- Occupation par les Alliés et les Etats Unis d'Amérique des forti-
fications de terre et de mer,et des îles constituant la défense
de Pola,ainsi que des chantiers et de l'Arsenal.

IX .- Restitution de tous les navires de commerce des Puissances Alliées
et Associées détenus par l'Autriche-Hongrie.

X.- Interdiction de toute destruction des navires ou de matériel avant
évacuation,livraison ou restitution.

XI.- Restitution,sans réciprocité,de tous les prisonniers de guerre des
Marines de guerre et de commerce des Puissances alliées et associées
au pouvoir des austro-hongrois.

=========

On reconnait l'adjonction de cinq mots écrits par main dans la première page

Les plénipotentiaires soussignés,dûment autorisés
déclarent d'approuver les conditions sus-indiquées.

3 Novembre 1918

423

Les Représentants du
Commandement Suprème
de l'Armée Austro-Hongroise

Les Représentants du
Commandement Suprème
de l'Armée Italienne

Vierzehn Unterschriften, die das Ende des Ersten Weltkrieges signalisieren: Am
3. November 1918 um 18 Uhr wurde in der Villa Giusti das Waffenstillstandsabkommen von
den jeweils sieben Vertretern der österreichisch-ungarischen und der italienischen Delegation
unterschrieben.

ein. In ihrem Gefolge ein Tross von Sekretaren und Protokollbeamten. Es herrscht eine aufgeregt-feierliche Stimmung unter den Italienern.

Im Sitzungssaal nehmen Italiener und Österreicher an einem runden Tisch aus Mahagoniholz Platz. Generalleutnant Pietro Badoglio ist der Vorsitzende der italienischen Kommission. Ihm gegenüber sitzt General Weber von Webenau, der Chef der österreichisch-ungarischen Abordnung. Die beiden Herren tauschen kurze Grußbotschaften aus, dann setzt General Badoglio zu einer pathetischen Geste an und erklärt: *In der vergangenen Nacht ist der Text des interalliierten Militärrates aus Paris bei uns eingetroffen. Das Schriftstück, das in französischer Sprache abgefaßt ist, enthält die Bedingungen für den Waffenstillstand. Da der Text jedoch infolge technischer Störungen bei der Übermittlung in mehreren Teilen unklar ist, müssen wir das offizielle Dokument aus Paris abwarten. Es soll morgen nachmittag in Abano eintreffen. Ich will jedoch keine Zeit ungenutzt verstreichen lassen und stelle Ihnen den vorhandenen fehlerhaften Text für eine erste Durchsicht zur Verfügung.*

General Badoglio reicht den Text General Weber von Webenau über den Tisch. Die Sitzung wird daraufhin unterbrochen.

Eiskalte Dusche

Hoffen und Bangen prägt die Gesichter der österreichischen Kommissionsmitglieder. Sie ziehen sich in einen Nebenraum zurück und beginnen mit dem Studium des Dokumentes. Der erste Eindruck ist niederschmetternd. *Das ist eine eiskalte Dusche,* erklärt General Weber von Webenau, *viel ärger als wir es uns vorgestellt haben, ein regelrechter Hammer.* Und der General, der die französische Sprache gut beherrscht, beginnt zu lesen und zu übersetzen: Räumung nicht nur der von den österreichischen Truppen damals besetzten italienischen Gebiete, sondern auch Räumung von Südtirol bis zum Brenner, dazu Görz, Triest, Istrien, Dalmatien und dazu noch eine Reihe weiterer Forderungen. Die Österreicher sind wie gelähmt. *Und das soll die Grundlage für einen ehrenhaften Frieden sein,* fragt Oberst Victor von Seiller.

Die nächste Sitzung ist für 15 Uhr einberufen. Zwei k. u. k. Kommissionsmitglieder haben in der Zwischenzeit die Erlaubnis erhalten, hinter die italienischen Linien zurückzufahren, um die Oberste Heeresleitung in Wien über dieses Diktat zu informieren.

Zu Beginn der Nachmittagssitzung ersucht General Weber von Webenau General Badoglio, die Feindseligkeiten so rasch wie möglich zu beenden, um weiteres sinnloses Blutvergießen zu vermeiden. Aber der Italiener spielt wieder auf Verzögerung. *Die Waffenstillstandsbedingungen sind in Paris festgelegt worden*, bekräftigt er, *eine Diskussion über den Inhalt ist nicht zulässig. Und was die Einstellung der militärischen Kampfhandlungen betrifft, sei das erst nach Abschluß des Waffenstillstandes möglich.*

Aber, erwidert General Weber von Webenau, *im französischen Text ist doch die Rede von einer unmittelbaren Einstellung der Feindseligkeiten. Wie ist diese Formulierung zu verstehen. Das soll doch heißen, daß der Waffenstillstand sofort in Kraft tritt, wenn die vordersten Linien unserer Front informiert sind.*

General Badoglio widersetzt sich dieser Auffassung. Eine Information über den Waffenstillstand sei bei den k. u. k. Truppen, die sich auf dem Rückzug befänden, viel einfacher als bei den italienischen und alliierten Einheiten, die in der Offensive seien, erklärt Badoglio. Das hätte zur Folge, dass die Feindseligkeiten nicht gleichzeitig an beiden Fronten eingestellt werden könnten. Das könnte Vorteile für die österreichischen Truppen schaffen.

General Badoglio schlägt dann eine bestimmte Uhrzeit vor. Die Einstellung der Kämpfe könnte seiner Auffassung nach frühestens zwölf Stunden nach Unterzeichnung des Waffenstillstandes angeordnet werden. General Weber von Webenau bezeichnet diese Zeitspanne als viel zu lang. Badoglio beendet daraufhin diese Debatte und betont, dass dafür ohnedies nicht er, sondern der Interalliierte Militärrat in Paris zuständig sei.

Es ist der 2. November des Jahres 1918. Der Zeiger der Turmuhr an der Villa Giusti zeigt auf 15.45 Uhr. Der Leiter der österreichisch-ungarischen Kommission wird in die Kanzlei von General Badoglio gebeten. Der Italiener teilt General Weber von Webenau mit, dass am Nachmittag der französische Originaltext für die Waffenstillstandsbedingungen eingetroffen sei. Er überreicht General Weber von Webenau das Dokument und lädt für 21 Uhr zu einer weiteren Sitzung beider Delegationen ein.

In der Villa Giusti sind die Würfel gefallen: Am 7. November 1918 erreichten italienische Truppenverbände erstmals die Stadt Bozen.

Italienische Verzögerungstaktik

Die Abendsitzung beginnt mit den fast schon üblichen Begrüßungsformalitäten. General Badoglio ergreift dann als Erster das Wort. Er erklärt, diese Sitzung habe ausschließlich den Zweck, über die Durchführung der einzelnen Klauseln zum Waffenstillstand zu reden, nicht jedoch über die Bedingungen an sich. Eine Abänderung dieser Bedingungen komme nicht infrage, und deswegen sei es auch sinnlos, darüber zu diskutieren.

Durchführung der einzelnen Klauseln: Das ist im Klartext vor allem die Frage, zu welchem Zeitpunkt die Feindseligkeiten gleichzeitig an beiden Fronten eingestellt würden. General Badoglio teilt den einschlägigen Beschluss des Interalliierten Militärrates in Paris mit. Der Beschluss enthält die Anordnung, dass die Waffen 24 Stunden nach Abschluss des Waffenstillstandes schweigen sollen. Die Österreicher drängen auf einen knapperen Termin. Sie erinnern General Badoglio an seine Zusage, dass die Kampfhandlungen bereits zwölf Stunden nach dem Waffenstillstand eingestellt werden sollen. Aber Badoglio lässt mit sich nicht reden. Er verweist auf die Entscheidung des Interalliierten Rates in Paris. *Die Würfel sind gefallen*, erklärt er kategorisch. Der italienische General kalkuliert weiterhin eiskalt mit dem Faktor Zeit.

General Weber von Webenau bleibt nichts anderes übrig, als dieses Diktat endgültig anzunehmen. Die Aussichten auf einen Sieg seien gleich null, und deswegen habe es keinen Sinn mehr, den Krieg fortzusetzen, argumentiert der General. In der Villa Giusti treffen immer wieder Meldungen ein, wonach bei den k. u. k. Truppen im Etschtal große Verwirrung herrsche. Die Soldaten seien schlecht versorgt und demoralisiert. General Weber von Webenau sieht sich deswegen zu konsequentem, bitterem Handeln gezwungen. Er will die Waffenstillstandsbedingungen annehmen. Auch die Oberste Heeresleitung in Wien ist damit einverstanden. Am 3. November um 15 Uhr treffen sich die beiden Kommissionen zur entscheidenden Sitzung. General Weber von Webenau verliest zu Beginn der Sitzung folgende Erklärung, die knapp vorher von der k. u. k. Kommission in deutscher und italienischer Sprache vorbereitet worden ist. Seine Stimme bebt vor Erregung, sein Gesichtsausdruck ist angespannt. Wörtlich erklärt der General: *Ich beehre mich mitzuteilen, daß mich das Armeekommando in Wien in den ersten Morgenstunden des 3. November ermächtigt hat, die Waffenstillstandsbedingungen anzunehmen, wie sie vom Alliierten Militärrat in Paris am 31. Oktober verfügt worden sind. Gleichzeitig teile ich mit, daß das k. u. k. Armeekommando den Truppen den Befehl erteilt hat, die Feindseligkeiten einzustellen.* Hierauf überreicht General Weber von Webenau dem italienischen Kommissionschef Badoglio die Annahmeerklärung. Es ist ein Augenblick, in dem Geschichte geschrieben wird.

Der 4. November ...

Es ist 15.15 Uhr. General Badoglio entfernt sich aus dem Sitzungssaal und eilt zum Telefon. Er übermittelt dem italienischen Oberkommando in Abano die Botschaft über die Vereinbarung zum Waffenstillstand.

Gleichzeitig lässt Badoglio in Abano mitteilen, dass die Feindseligkeiten auf sämtlichen Kampffronten der alliierten Truppen gegenüber den k. u. k. Truppen am 4. November um 15 Uhr einzustellen sind.

Es wird eine kurze Pause vereinbart, dann wird die Sitzung weitergeführt. Die beiden Kommissionen beraten über Einzelheiten der Waffenstillstandsvereinbarung. General Weber von Webenau ergreift das Wort und ersucht neuerdings, dass auch die italienischen Truppen die Kampfhandlungen vor Ablauf der 24-Stunden-Frist einstellen mögen, zumal Wien den Befehl zur Feuereinstellung schon in der Nacht gegeben habe. Sollten die Italiener noch 24 Stunden weiterkämpfen, würden sich für sie daraus wegen des mangelnden Widerstandes große strategische Vorteile ergeben.

Gleich anschließend meldet sich der österreichische Kapitän von Zwierkowski zu Wort. Er erklärt klipp und klar, mit der 24-Stunden-Frist der Italiener unter keinen Umständen einverstanden zu sein. Er beruft sich auf die Depesche des Interalliierten Militärrates von Paris, in der von einer unmittelbaren Einstellung der Kämpfe die Rede sei. Der Kapitän erhält Unterstützung von drei weiteren k. u. k. Kommissionsmitgliedern. Alle vier erklären sich mit diesen Bedingungen nicht einverstanden und weisen jegliche Verantwortung für diesen Teil des Waffenstillstandes von sich.

»Jetzt ist es aber genug ...«

Im Sitzungssaal entsteht nun plötzlich eine sehr gespannte Atmosphäre. General Badoglio ist die Wut förmlich ins Gesicht geschrieben. Bleich vor Zorn springt er auf und schlägt mit der Faust auf den Tisch. Seine Stimme überschlägt sich: *Jetzt ist es aber genug. Unter solchen Umständen haben wir hier nichts mehr zu suchen*, erklärt er wutentbrannt. Und zu Oberst Gazzera gewendet ruft er: *Herr Oberst, gehen Sie sofort zum Telefon und annullieren Sie die vorher durchgegebene Mitteilung über die Einstellung der Feindseligkeiten. Die Kämpfe gehen weiter. Verständigen Sie Versailles, daß die erste Meldung ein Irrtum war und daß die Verhandlungen mit der österreichisch-ungarischen Waffenstillstandskommission nun endgültig gescheitert sind.*

General Weber von Webenau kann dem in italienischer Sprache geführten Wortwechsel nicht folgen, weil er kein Italienisch versteht. Aber er spürt die Spannung, die nun in der Luft liegt. Er ersucht Oberst Seiller, der Italienisch spricht, um nähere Erläuterungen. Der Oberst aber bedeutet ihm, dass jetzt keine Zeit zu langen Erklärungen sei. *Bitte lassen Sie mich reden*, sagt er. Oberst Seiller steht auf und wendet sich an General Badoglio: *Es handelt sich hier um einen verhängnisvollen Irrtum. Kapitän Zwierkowski hat die Frage der 24 Stunden lediglich von einem rein persönlichen Standpunkt aus beleuchten wollen. Das ändert grundsätzlich überhaupt nichts an den getroffenen Vereinbarungen. Entscheidend ist die Erklärung des Vorsitzenden der Kommission, General Weber von Webenau, und der hat die Zustimmung zum Waffenstillstand gegeben.*

General Weber von Webenau, dem mittlerweile der Inhalt der Auseinandersetzungen erklärt worden ist, beteuert seinerseits, dass die im Vertrag enthaltene 24-Stunden-Frist angenommen sei. General Badoglio beruhigt sich wieder und lässt den noch am Telefonapparat beschäftigten Oberst Gazzera wieder zurückrufen.

Abzug von österreichischen Truppen durch das Pustertal (10./11. November 1918)

Die Meinungsverschiedenheiten innerhalb der österreichisch-ungarischen Kommission sind in höchstem Maße peinlich. Sie hängen mit einer überraschenden Entscheidung der Heeresleitung in Wien zusammen. Oberst Seiller, einer der direkt Beteiligten in der Villa Giusti, erinnert sich in einem Interview vierzig Jahre danach: *Wir haben das Armeekommando in Wien benachrichtigt, daß über den Zeitpunkt, wann an beiden Fronten die Waffen schweigen wollen, noch verhandelt wird. Die Heeresleitung in Wien hat dann in der Nacht vom 2. auf den 3. November einseitig die sofortige Einstellung der Kämpfe für die k.u.k. Truppen befohlen. Das war für uns völlig unverständlich. Als wir dann unter dem Diktat von General Badoglio die 24-Stunden-Frist akzeptieren mußten, hatten wir zunächst keine Ahnung, daß das Oberkommando diese strittige Frage einseitig gelöst hatte. Ich kann mir diese schwerwiegende Entscheidung in Wien nur mit der Verwirrung und mit der ungeheuren Hektik jener Tage erklären. Die österreichisch-ungarische Monarchie war Anfang November 1918 praktisch schon auseinandergebrochen.* Besonders erschwerend, so Oberst Seiller weiter, sei für die Österreicher in der Villa Giusti gewesen, dass sie von dort aus nicht direkt nach Wien telefonieren konnten. *Es mußten Kommissionsmitglieder hinter die Frontlinien geschickt werden, um Kontakt mit Wien aufzunehmen. Das kostete sehr viel Zeit und verschlechterte unsere Verhandlungsposition sehr.*

Der Waffenstillstand tritt vereinbarungsgemäß 24 Stunden nach der Unterzeichnung in Kraft, also am 4. November um 15 Uhr. Diese Stunde bedeutet auch für die italienischen Truppen das Signal zur Einstellung der Kampfhandlungen. Allerdings wird jetzt Wirklichkeit, was die k.u.k. Kommission in der Villa Giusti befürchtet hat. Die Italiener können 24 Stunden lang weiter nach Norden vordringen, ohne auf Widerstand zu stoßen. Ihren Truppen fällt damit kampflos in die Hand, was sie in dreieinhalb Kriegsjahren bei allem Einsatz von Menschen und Material nicht erobern konnten. Auf diese Weise geraten auch rund 350.000 Soldaten der K.-u.-k.-Monarchie, die sich auf dem Rückzug befinden, in Gefangenschaft. Sie leisten den italienischen Truppen keine Gegenwehr mehr.

Die k.u.k. Waffenstillstandskommission verlässt am 7. November um 17.45 Uhr die Villa Giusti. General Weber von Webenau und seine Begleiter werden über Padua nach Mailand und dann über die Schweiz

Die Südtiroler Gemeinden an Wilson im Februar 1919

Die Tiroler Wasserscheiden waren niemals Staats=, niemals Volksgrenzen.

Die Sprachgrenze in Tirol ist scharf gezogen, wie sie sich kaum noch ein zweitesmal in Europa findet.

Wenn der Wille eines Volkes für seine Freiheit und Unabhängigkeit entscheidend ist, gibt es dann eine glühendere Sprache, eine feierlichere Willenserklärung als jene, die das Tiroler Volk mit den Waffen in der Hand gesprochen, mit seinem eigenen Blute geschrieben hat?

Und nun soll unsere deutsche Heimat mit ihrer tausendjährigen Kultur und Geschichte, dieses Volk mit seinem angestammten Freiheitssinn italienisch werden? Ein einziger Aufschrei tiefsten Schmerzes durchhallt bei diesem Gedanken das ganze Land! Es kann, es darf nicht sein, daß man den Namen Tirol nach einer tausendjährigen glänzenden Vergangenheit aus der Geschichte löscht, die freien Söhne dieses Berglandes unter fremdes Joch zwingt und ihnen ihre Sprache, ihre Art und Kultur raubt.

Seien Sie unserem Volkstum, unserem Lande der gerechte Richter, und das Volk von Deutsch=Südtirol wird Ihren Namen von Geschlecht zu Geschlecht vererben als den des Retters unserer Heimat. Darum bitten sämtliche Gemeinden Deutsch=Südtirols und die zwölf ladinischen Gemeinden von Gröden, Enneberg, Buchenstein und Fassa.

Deutsch=Südtirol, im Februar 1919

Dr. Julius Perathoner
Bürgermeister von Bozen

Josef Gemaßmer
Bürgermeister von Meran

und sämtliche übrigen Bürgermeister von Südtirol

Im Februar 1919 appellierten die Gemeinden Südtirols an den amerikanischen Präsidenten Wilson, die Annexion Südtirols durch Italien zu verhindern.

nach Feldkirch in Vorarlberg befördert. Am 11. November treffen die Mitglieder der Kommission in Wien ein. General Weber von Webenaus Kokarde auf der Offizierskappe trägt noch den Namenszug des Kaisers. Er muss auf Anordnung des Bahnhofskommandos sofort entfernt werden. Wien hat sich verändert, aber nicht nur Wien. In Mitteleuropa – und damit auch in **Südtirol** – gehen die Uhren seit jenen dramatischen Novembertagen des Jahres 1918 anders.

Südtiroler! Mit dem heutigen Tage ist die Einverleibung Südtirols in das Königreich Italien vollzogene Tatsache. Damit ist das alte Land Tirol in zwei Teile zerrissen. Südtirol ist das Opfer des Friedensvertrages geworden, der uns trotz des feierlich verkündeten Selbstbestimmungsrechtes von unseren Volksgenossen losreißt. Italien hat durch die Einverleibung anderssprachiger Volksteile ebenso wie die verbündeten Staaten bewiesen, daß es die Zeichen der Zeit noch nicht versteht und sich nicht vom Geiste der Gerechtigkeit leiten läßt.

Die Bevölkerung Südtirols erhebt am heutigen Tage die Stimme des schärfsten Protestes gegen diesen Faustschlag, der gegen Recht, Freiheit und Friedenssehnsucht der Völker geführt wird. Wir Südtiroler haben die unerschütterliche Hoffnung, daß der Tag kommen wird, an welchem uns Gerechtigkeit und weitschauende Politik die nationale Befreiung bringen werden.

Südtiroler! Aufrecht wollen wir den heutigen Tag über uns ergehen lassen! Wir fordern euch auf, jede Ungesetzlichkeit zu vermeiden und mit Ruhe und Würde das Schicksal zu ertragen.

Südtirol, 10. Oktober 1920.

Die Tiroler Volkspartei.
Die deutschfreiheitliche Volkspartei in Südtirol.
Die sozialdemokratische Partei in Südtirol.

Die Folgen des Friedensvertrages von Saint-Germain: Südtirol kam zu Italien. Die Annexion wurde am 10. Oktober 1920 völkerrechtlich wirksam. Die Parteien erließen einen Aufruf, in dem sie gegen diesen »Faustschlag« schärfstens protestierten, gleichzeitig aber die Bevölkerung aufriefen, das Schicksal mit »Ruhe und Würde zu ertragen«.

Ettore Tolomei, der faschistische Senator, der Südtirol italianisieren wollte

Das Programm der 32 Maßnahmen

To-lo-mei, To-lo-mei, To-lo-mei – Tolomei, immer wieder Tolomei skandieren die Menschen im Saal, zwischendurch brandet Beifall auf, und dann wieder der Ruf Tolomei, Tolomei, Tolomei …

Der Saal ist mit faschistischen Emblemen geschmückt, vorne auf der Bühne ist die Trikolore aufgepflanzt. Dann erklingen die ersten Takte der faschistischen Hymne Giovinezza … Alle stehen auf. Tolomei streckt die Arme zum faschistischen Gruß und stimmt selbst in den Chor der Giovinezza ein – und mit ihm alle Schwarzhemden im Saal.

Ettore Tolomei ist der große Star an jenem denkwürdigen 15. Juli des Jahres 1923 im Bozner Stadttheater. Alles, was unter den Faschisten in Bozen Rang und Namen hat, gibt ihm die Ehre: Der Präfekt als oberster Vertreter der Regierung in Rom, militärische Obrigkeiten, faschistische Sekretäre aus Stadt und Land, viel faschistisches Fußvolk und sogar von Trient sind mehrere Züge gekommen, um den großen Tag von Ettore Tolomei mitzuerleben.

Die faschistische Hymne ist verklungen, und Tolomei steigt auf die Bühne zum Rednerpult. Noch einmal braust Beifall durch den Saal. Tolomei beginnt seine Rede: *Faschistische Kameraden! Wir stehen am Beginn einer neuen Zeit. In Bozen beginnt heute das Zeitalter des Faschismus. Mussolini, unser großer Führer, ist im Geiste mit uns. Mit großem Interesse verfolgt der Duce die nationale Entwicklung. Die Geschichte des Alto Adige wird für alle Zukunft den Stempel des Faschismus tragen.*

Dann verkündet Tolomei ein Programm, an dem er in den vergangenen Monaten leidenschaftlich gearbeitet hat. Es ist das Programm zur Italianisierung von Südtirol.

Ettore Tolomei, der Mann, »der die raffiniertesten Methoden ersann, um die nationalen Minderheiten in Italien zu peinigen«.

Gaetano Salvemini

Das Programm enthält 32 Maßnahmen. Es betrifft alle Bereiche des öffentlichen Lebens:

- Der Name Südtirol wird verboten.
- Die deutschen Schulen werden aufgelöst.
- Deutsche Parteien werden verboten.
- Deutsche Beamte werden entlassen oder in italienische Provinzen versetzt.
- In den öffentlichen Ämtern darf nur mehr italienisch gesprochen werden.
- Die deutschen Ortsnamen werden italianisiert, ebenso die deutschen Straßen- und Wegebezeichnungen.

· Auch deutsche Familiennamen sollen italianisiert werden.
· Die deutschen Zeitungen werden verboten.

Tolomei nennt die 32 Maßnahmen ein Programm in Aktion, für das ihm Mussolini die Unterstützung der faschistischen Regierung in Rom bereits zugesichert hat. Mussolini wörtlich: *Es ist nicht nur das Programm von Ettore Tolomei, es ist auch das Programm des Duce.*

Tolomei wird nach der Beendigung der Veranstaltung im Bozner Stadttheater wie im Triumphzug aus dem Saal begleitet. Unzählige Schwarzhemden recken ihre Hände nach ihm, wollen ihn berühren. Draußen vor dem Saal ein Meer von Trikolore-Fahnen und immer wieder Jubel – für einen Mann, der die Italianisierung der Südtiroler zu seinem Lebenswerk gemacht hat.

Unheilvolle Botschaft

Den Südtirolern schwant an diesem Sonntag nichts Gutes. Als sich am Abend des 15. Juli über dem Bozner Talkessel düstere Gewitterwolken zusammenballen – mit Blitz, Donner und Hagelschlag –, ist es, als ob die Botschaft ihnen gelte, eine unheilvolle Botschaft.

Für die Südtiroler hat sich in wenigen Jahren eine Welt verändert. Fünf Jahre zuvor war ihr Land noch Teil der Habsburgermonarchie, dann wurde in Saint-Germain zwischen Italien und Österreich der Friedensvertrag abgeschlossen, mit dem Südtirol zu Italien kam. Am 28. Oktober 1922 marschierte **Mussolini** mit seinen Schwarzhemden auf Rom und errichtete die faschistische Herrschaft in Italien. Vier Wochen zuvor stürmten Faschisten das Bozner Rathaus und setzten den deutschen Bürgermeister **Julius Perathoner** gewaltsam ab. Und jetzt die Brandrede von Ettore Tolomei im Bozner Stadttheater.

Der Südtiroler Abgeordnete Eduard Reut-Nicolussi hat den Kampf zwischen Faschisten und Südtirolern mit folgenden Worten gekennzeichnet: *Es wird jetzt in Südtirol ein Verzweiflungskampf beginnen um jeden Bauernhof, um jedes Stadthaus, um jeden Weingarten. Es wird ein Kampf sein mit allen Waffen des Geistes und mit allen Mitteln der Politik. Es wird ein Verzweiflungskampf deshalb, weil wir – eine Viertelmillion Deutsche – gegen vierzig Millionen Italiener stehen, wahrhaft ein ungleicher Kampf.*

Im Stadttheater von Bozen (in der Nähe des heutigen Busbahnhofes gelegen, am Ende des Zweiten Weltkrieges zerbombt) verkündete Tolomei am 15. Juli 1923 seine berüchtigten »Maßnahmen für das Oberetsch«.

Ettore Tolomei ist in Südtirol der faschistische Bannerträger in diesem ungleichen Kampf. Der italienische Historiker Gaetano Salvemini sagt von ihm: *Es ist ein Mann, der die raffiniertesten Methoden erfunden hat, um die Südtiroler Minderheit zu quälen.*

Am Abend des 15. Juli hat Ettore Tolomei in sein Haus in Glen oberhalb von Montan politische Freunde eingeladen. In diesem Haus wohnt Tolomei seit dem Jahre 1906. Um sich geschart hat er eine Kerntruppe jener Faschisten aus Bozen, die mit eiserner Faust sein Italianisierungsprogramm in Südtirol durchsetzen wollen. Tolomei ist froher Stimmung, mit dem Verlauf der Veranstaltung in Bozen mehr als zufrieden. Der 15. Juli geht in die Geschichte ein, sagt Tolomei. Die Freunde lassen Tolomei hochleben und schwören ihm Treue im weiteren Kampf gegen die Deutschen in Südtirol.

Der Duce ernannte Tolomei wegen seiner Verdienste für die Italianisierung des Oberetsch zum Senator auf Lebenszeit.

Wer ist dieser Ettore Tolomei?

Geboren wird er im Jahr 1865 in Rovereto, wo er auch aufgewachsen ist. Rovereto war damals – im Jahr 1865 – noch bei Habsburg. In der Schule erfährt Ettore von den Heldentaten eines Giuseppe Garibaldi, von seinem Zug der Tausend, mit dem er einen Meilenstein zur Einigung Italiens setzte.

Ich will der Garibaldi des Alto Adige werden, schwört Tolomei. Als Gymnasiast spürt er schon den Geist der Irredenta wie ein lebendiges Feuer in seiner Brust. Er beginnt, in Zeitungen und Zeitschriften politische Artikel gegen Österreich zu schreiben, die den Argwohn der österreichischen Behörden erwecken. Tolomei verlässt deswegen öfters

Die Faschisten wollten jenen Teil Tirols namenlos machen, in dem das Stammschloss steht und das dem Land zwischen Kufstein und Salurn den Namen gegeben hat. Am 7. August 1923 erließ der faschistische Präfekt von Bozen, Giuseppe Guadagnini, ein Dekret, mit dem alle mit dem Namen Tirol zusammenhängenden Bezeichnungen verboten wurden.

Zu den »Maßnahmen« Tolomeis
gehörte auch die Italianisierung der
historisch gewachsenen deutschen
Orts- und Flurnamen. Aus Lengstein
wurde Longostagno.

das Trentino und wirbt in Rom für seine Ideen. *Für mich war damals klar: Die Grenze Italiens muß am Brenner liegen*, bekräftigt Tolomei.

Dieses Ziel hat Tolomei auch im Visier, als er im Jahr 1904 mit Freunden eine Bergtour im hintersten Ahrntal unternimmt. Er peilt die Besteigung eines hohen Berges an der Grenze zwischen Tirol und Salzburg an. Es ist der 2912 Meter hohe Glockenkarkopf, der im Sommer 1894 erstmals vom österreichischen Alpinisten Fritz Kögel bestiegen worden ist. Tolomei reklamiert die Erstbesteigung für sich und meißelt den Namen »Italia« in den Felsen ein. Damit will er den Berg symbolisch für Italien in Besitz nehmen. Er tauft den Glockenkarkopf in »Vetta d'Italia« um – eine Bezeichnung, die sich bis heute erhalten hat. Die »Vetta d'Italia« ist für Tolomei der äußerste Punkt im Norden, auf dem einmal die Flagge Italiens wehen soll. Sich dafür mit aller Kraft einzusetzen und dabei keine Mittel zu scheuen, gehört zum politischen Ziel von Tolomei.

Tolomeis »Archivio«

Im Jahr 1906 gründet Tolomei in Trient das »Archivio per l'Alto Adige«. Es ist dies eine Zeitschrift, in der Tolomei immer wieder Artikel veröffentlicht, mit denen er den Anspruch Italiens auf Südtirol zu beweisen versucht.

· Im Archivio entwickelt Tolomei die sogenannte »Wasserscheiden-Theorie«. Nach dieser Theorie muss die Grenze zwischen Italien und Österreich am Brenner liegen, weil dort auch die Wasserscheide zwischen Mittelmeer und Schwarzem Meer liegt. Diese Grenze ist von Gott gewollt, behauptet er.

· Im Archivio beginnt Tolomei mit der Übersetzung von deutschen Orts- und Flurnamen ins Italienische.

· Im Archivio will Tolomei später die Italianisierung der deutschen Familiennamen vorantreiben.

· Im Archivio versucht Tolomei, weite Teile Südtirols als gemischtsprachiges Gebiet hinzustellen, um die spätere faschistische Politik der Italianisierung zu rechtfertigen.

Dal «Registro dei cognomi» di Tolomei

COGNOME	COMUNE	DOCUMENTAZIONE	OSSERVAZIONI	FORMA RESTITUITA
Gross	Glorenza, Lagundo, Scena, Sarentino, Renòn, S. Genesio A.,	—	—	Grossi, Grandi
Grosser	Parcines, Silandro	—	—	Grossi
Grossrubatscher	Badia, Lana, Castelrotto, Falzes, Brunico, Santa Cristina, Ortisei, Marebbe	—	—	Granroazza, Granruáz, Granrovacci, Granrovazzi
Grossteiner	Telves, Silandro, Vipiteno	—	—	Pietragrande, Gransasso
Gruber	Vallas, Maranza, Mezzaselva, Fleres, S. Candido, Monguelfo, Chiusa, Lana, Lasa, Caldaro, Sesto, Laces, Castelbello, Ciardes, Càines, Gargazzone, Postàl, Verano, Dobbiaco, Prato a S., Senales, Avelengo, Tirolo, Nalles, Tesino, Lagundo, Naturno, Cèrmes, Appiano, Parcines, S. Leonardo, S., Scena, Varna, Sarentino, Barbiano, Renòn, S. Genesio A. Campo di Trens, Laiòn, Nova Ponente, Naz-Sciavez, Ultimo, Villandro, Campo Tures	—	—	Dalla' Fossa, Dallafossa
Grumer	Laives, Meltina	—	—	Dal Grumo
Grumser	Laives, Dobbiaco, Mālles	—	—	Dai Grumi
Grünauer	Cèrmes, Malles, Parcines, Brunico, Ortisei	—	—	Verdi
Grünbacher	Cèrmes, Vandoies, Falzes, Chicnes, Terento	—	—	Riverdi, Rioverde

Auch die Italianisierung der deutschen Familiennamen gehörte zum Programm der Faschisten. Aus »Gruber« sollte »Dallafossa« werden.

Eine protzige Machtdemonstration: Faschistische Schwarzhemden bei einer Parade auf dem Corso 9 Maggio, der heutigen Freiheitsstraße, in Bozen.

Was Tolomei am 15. Juli 1923 im Stadttheater von Bozen unter dem frenetischen Beifall seiner Anhänger verkündet hat, ist im »Archivio per l'Alto Adige« lange zuvor schon publiziert worden. Es ist – mit einem Satz – in dieser Zeitschrift all jene politische Leidenschaft konzentriert, mit der Tolomei den fanatischen Kampf gegen die Deutschen in Südtirol vierzig Jahre lang geführt hat.

Auch bei der Friedenskonferenz in Saint-Germain spielt Tolomei hinter den Kulissen eine bedeutende Rolle. Seine große Sorge ist, die Siegermächte könnten in Südtirol eine Volksabstimmung zulassen. Tolomei weiß: Bei einer Volksabstimmung würde sich die Bevölkerung mit großer Mehrheit für den Verbleib bei Österreich aussprechen. Das muss unter allen Umständen verhindert werden, fordert Tolomei. Im April 1919 reist er deswegen in die französische Hauptstadt, um die italienische Friedensdelegation als Experte des »Alto Adige« zu beraten. Dem italienischen Verhandlungsführer Orlando gibt er gewissermaßen Nachhilfeunterricht in Sachen Südtirol.

Dieser politische Nachhilfeunterricht enthält folgende Kernpunkte:

· In Südtirol darf unter keinen Umständen eine Volksabstimmung zugelassen werden.

· Für Südtirol darf es keinen internationalen Minderheitenschutz geben, wenn das Land zu Italien kommt.

· Den Südtirolern darf unter keinen Umständen eine Autonomie gewährt werden.

Vater der Brennergrenze

Die italienische Delegation in Paris hat ihr Ziel erreicht. Als am 10. September 1919 in Saint-Germain der Friedensvertrag unterzeichnet wird, kommt Südtirol zu Italien – gegen den Willen der Bevölkerung. Von Autonomie und von einem internationalen Minderheitenschutz ist im Vertrag keine Rede.

Tolomei kann für sich einen großen politischen Erfolg buchen. In seinem Archivio präsentiert er sich als »Vater der Brennergrenze«.

Aber Tolomeis große Stunde hat noch nicht geschlagen. Sie schlägt, als Mussolini im Oktober 1922 die Macht in Italien ergreift. Der Duce

»UBI REX, IBI LEX – UBI DUX, IBI LUX«: faschistisches Transparent am Rathaus von Brixen

Für Ettore Tolomei war der Minnesänger Walther von der Vogelweide ein »Eindringling«, der in Südtirol nichts zu suchen hatte. Deswegen musste seine Statue vom Hauptplatz in Bozen entfernt werden. Die Skulptur wurde im März 1935 in einen abgelegenen Park verfrachtet. Der Münchner »Simplicissimus« kommentierte den Abtransport mit einer beredten Karikatur.

Südtiroler Musikkapellen waren den Faschisten ein Dorn im Auge. Das Bild zeigt faschistische Schläger, welche die »Nachhut« der Musikkapelle Andrian verfolgen. Aufnahme vom großen Trachtenumzug am 24. April 1921 in Bozen. Bei diesem Umzug wurde der Marlinger Lehrer Franz Innerhofer von faschistischen Schlägertrupps erschossen.

erinnert sich an die Verdienste Tolomeis in Paris und ernennt ihn am 1. März 1923 zum Senator auf Lebenszeit. Damit ist es klar: Tolomei, dem Senator, stehen in Rom alle Türen offen. Für den Kampf gegen die Deutschen in Südtirol hätte er sich bessere Voraussetzungen nicht wünschen können.

Wie sich Tolomei Arm in Arm mit den Faschisten den Kampf gegen die Deutschen in Südtirol vorstellt, verkündet er am 15. Juli im Bozner Stadttheater.

Tolomeis Programm – auf einen einzigen Nenner gebracht – lautet: Die Südtiroler müssen zu Italienern werden. Südlich des Brenners darf es in wenigen Jahrzehnten keine Deutschen mehr geben. Und damit sie immer wieder sehen, wie ernst es die faschistische Regierung in Rom mit der Italianisierung meint, wird in Bozen ein Siegesdenkmal gebaut. Tolomei ist voll des Lobes über die Errichtung eines großen Denkmals an der Talferbrücke. Das Siegesdenkmal symbolisiert die von Tolomei und seinen Gesinnungsgenossen geforderte »Italianità« Südtirols. Tolomei leistet in einer Bausteinaktion auch seinen finanziellen Beitrag dazu.

Eine neue Strategie – Bozen im Visier

Südtirol muss italienisch werden – oder besser gesagt: Die Südtiroler müssen Italiener werden! Tolomei ist optimistisch und glaubt, dieses Ziel mit Gewalt zu erreichen.

Nach rund zehn Jahren faschistischer Italianisierungspolitik zieht er in seiner Zeitschrift »Archivio per l'Alto Adige« Bilanz. Die Bilanz fällt recht nüchtern aus und ist für Tolomei gar nicht befriedigend.

Wörtlich stellt er in seinem Archivio fest: *Wenn wir auf diesem Wege fortschreiten, werden im Alto Adige auch in hundert Jahren noch viele Deutsche wohnen. Wenn wir unser Ziel erreichen wollen, müssen wir unsere Politik ändern.*

Anfang der 1930er Jahre schlägt die faschistische Südtirolpolitik einen neuen Kurs ein. Tolomei ist maßgeblich an der neuen Marschlinie beteiligt. Im Mittelpunkt dieser Politik steht Bozen. Bozen hat damals rund vierzigtausend Einwohner, die Mehrheit davon sind Deutsche.

Tolomei fordert: *Bozen muß eine Stadt mit hunderttausend Einwohnern werden, natürlich italienischen Einwohnern.*

Aber wie soll Bozen innerhalb kurzer Zeit eine Stadt mit hunderttausend Einwohnern werden, fragen die politischen Freunde von Ettore Tolomei. Die Antwort des faschistischen Senators: Durch massive Zuwanderung von Italienern aus den südlichen Regionen!

Das ist der politische Hintergrund für die Errichtung eines riesigen Industriegebietes im Süden der Stadt Bozen.

An einem Sommertag des Jahres 1935 fahren am Grutzen und in der Kaiserau die Planierraupen auf. Unbarmherzig fressen sich die Ungetümer in die Obstgärten. Mit ohnmächtiger Wut müssen die Bauern tatenlos zusehen, wie ihnen die Faschisten den wirtschaftlichen Boden unter den Füßen wegziehen. Die vom Staat zur Verfügung gestellten Entschädigungssummen sind lächerlich gering. Den Bauern wird nicht einmal mehr die notwendige Zeit gewährt, um die fast reife Ernte einbringen zu können.

Mussolini und Tolomei können nicht warten: *Bozen muß eine Stadt mit hunderttausend Einwohnern werden.* Damit die zugewanderten Italiener Arbeit bekommen und ihr Brot verdienen, darf bei der Errichtung des Industriegebietes keine Zeit verloren gehen.

Im Südwesten der Stadt werden gleichzeitig mit dem Bau des Industriegebietes neue Wohnviertel mit Schulen, Kirchen und sozialen Einrichtungen aus dem Boden gestampft. Es ist die neue Heimat der Zuwanderer.

Im Spätsommer des Jahres 1935 ließen die Faschisten am Grutzen im Süden von Bozen die Planierraupen auffahren. Tolomei triumphierte, die »Industriezone« war in Sicht. Den Südtiroler Bauern, denen man aus politischen Gründen ein Stück Heimat unter den Füßen weggezogen hatte, war zum Weinen. Die Entschädigungssummen waren lächerlich gering. Bozen war auf dem Weg zu einer Stadt mit hunderttausend Einwohnern.

Mit dem Beginn des Fertigungsprozesses in der Industriezone beginnt auch die Welle der italienischen Zuwanderer zu rollen. Rund viertausend sind es im Jahr 1936, fast achttausend im Jahr 1937. Bozen ist auf dem Wege zur Großstadt und verändert sein Antlitz. Für Tolomei ist die Zuwanderung ein entscheidender Schritt vorwärts auf dem Wege zur totalen Italienisierung von Südtirol.

Die Umsiedlung – »etwas Wunderbares«

Tolomei hat Ende der 1930er Jahre noch eine weitere Trumpfkarte in der Hand. Diese Trumpfkarte wird von Hitler und Mussolini ins politische Spiel gebracht. Es ist die im Jahr 1939 geplante Umsiedlung der Südtiroler ins Deutsche Reich. Als »Option« ist diese Umsiedlung in die Geschichte eingegangen. Tolomei erinnert sich, was ihm schon im Jahr 1914 ein enger Mitarbeiter empfohlen hat. Damals war Südtirol noch bei Österreich: Der Mitarbeiter Tolomeis heißt Adrian Colocci-

Auch in die kleineren Ortschaften wollte Tolomei den »Geist« des Faschismus tragen. Im Bild das »Fascio-Haus« in Mals bei der Einweihung.

Vespucci. Der hat kurz vor Ausbruch des Ersten Weltkrieges an Tolomei geschrieben: *Der beste Weg für die Lösung des Minderheitenproblems im Alto Adige ist die Austreibung der Deutschen.*

Tolomei ist von Hitler begeistert, weil er zusammen mit Mussolini das »Südtirol-Problem« auf diese radikale Weise endgültig lösen will. Das hat Hitler Tolomei bereits im August 1928 in einem persönlichen Gespräch in München versichert. Hitler hat damals erklärt: Italien ist der natürliche Bündnispartner von Deutschland. Südtirol darf bei dem geplanten Schulterschluss zwischen Faschisten und Nationalsozialisten kein Hemmschuh sein. Deswegen muss das »Südtirol-Problem« gelöst werden – durch die Aussiedlung der Südtiroler.

Für Tolomei scheint sich damit ein Wunschtraum zu erfüllen. im Jahr 1939 notiert er in seinem Archivio: *Der Vertrag zwischen Rom und Berlin über die Umsiedlung der Südtiroler ins Deutsche Reich ist etwas Wunderbares – die größte Sache, die seit Ende des Ersten Weltkrieges für die Italianisierung des Alto Adige unternommen wurde.*

»Dieses Land muß italienisch werden«

Die Schule in Südtirol zur Zeit des Faschismus

Es ist der 12. Juli 1928. Das offizielle Bozen rüstet zum politischen Festtag. Gäste aus allen italienischen Provinzen sind in die Stadt gekommen. Auch der italienische König Viktor Emanuel III. gibt der Stadt die Ehre, er wird begleitet von Ministern und hohen Beamten der Regierung. Auf dem Programm steht die Einweihung eines Denkmals, des **Siegesdenkmals.** Es wurde nach dem Modell römischer Triumphbögen am westlichen Ende der Talferbrücke errichtet, in der Rekordzeit von zwei Jahren und just an der Stelle, an welcher 1917 mit dem Bau eines Denkmals für die im Krieg gefallenen Kaiserjäger begonnen worden war. Das Denkmal blickt an seiner Stirnseite gegen den Schlern und den Rosengarten. An jenem 12. Juli 1928 marschieren faschistische Milizen in Schwarzhemden durch die Stadt. Musikkapellen spielen die Marcia reale, den Königsmarsch, und die Giovinezza, die faschistische Hymne.

Mit dem Siegesdenkmal wollten die faschistischen Machthaber in Bozen und Rom auf den Sieg der italienischen Truppen gegen die österreichische Armee im Ersten Weltkrieg hinweisen. Soldaten beider Länder hatten vor allem an der Dolomitenfront erbittert gegeneinander gekämpft. Der Krieg ging zugunsten Italiens und seiner Verbündeten aus. Im Friedensvertrag von Saint-Germain (1919) erhielten die Italiener als Kriegsbeute auch Südtirol, das nun vom Brenner bis Salurn und von Innichen bis zum Reschen Italien einverleibt wurde – gegen den Willen der deutschsprachigen Bevölkerung, die damals rund 95 Prozent ausmachte.

»Die Kultur vermittelt ...«

Aber nicht nur der militärische Sieg im Ersten Weltkrieg sollte mit dem Siegesdenkmal gefeiert werden. Absicht der Faschisten war es damals auch, die Überlegenheit der italienischen Kultur gegenüber der deutschen in Südtirol für alle sichtbar darzustellen. Auf der Stirnseite des »Denkmals« wurde die Inschrift angebracht: *Hinc ceteros excoluimus lingua, legibus, artibus.* Zu Deutsch: *Von hier aus haben wir den anderen die Sprache, die Gesetze und die Künste vermittelt.* Die anderen: Das waren vor allem die Südtiroler, die nach Meinung der Faschisten mit der italienischen Kultur vertraut gemacht werden mussten. Im Klartext bedeutete dies: Sie sollten italianisiert werden.

Wortführer der faschistischen Italianisierungspolitik in Südtirol war Ettore Tolomei. Von Benito Mussolini 1923 zum Senator auf Lebenszeit ernannt, war er der Handlanger par excellance des Duce, wenn es um die Italianisierung Südtirols ging. Besonderes Augenmerk legte Tolomei auf die Italianisierung der deutschen Schule. Er war der Überzeugung: Ist die Schule italienisch, dann kann es bis zur Italianisierung von ganz Südtirol nicht mehr lange dauern. Natürlich konnte Tolomei die Auflösung der deutschen Schulen und die Einführung von Italienisch als alleiniger Unterrichtssprache nicht einfach verfügen. Dazu brauchte er die Hilfe des damaligen Unterrichtsministers **Giovanni Gentile.**

Gentile arbeitete ein Gesetz aus, das am 23. Oktober 1923 in ganz Italien in Kraft trat. Der Artikel 17 dieses Gesetzes nahm ausdrücklich auf Südtirol Bezug. Wörtlich heißt es darin u. a.: *Mit Beginn des Schuljahres 1923/24 wird in allen Klassen der fremdsprachigen Volksschule der Unterricht in der italienischen Sprache erteilt. Im Schuljahr 1924/25 wird auch in der zweiten Klasse dieser Schule der Unterricht in italienischer Sprache erteilt werden. In den kommenden Jahren wird in den folgenden Klassen gleichartig vorgegangen, so daß in einer Anzahl von Jahren, die gleich jener der Schulklassen ist, in allen Volksschulen italienisch unterrichtet wird.*

»Todesurteil«

Dieses Gesetz bedeutete, dass ab dem Schuljahr 1923/24 in den ersten Klassen der Volksschulen in Südtirol nur mehr Italienisch als Unterrichtssprache verwendet werden durfte und dass es im Laufe von fünf Jahren in Südtirol keine deutschen Volksschulen mehr gab. Das war das **Todesurteil** für die deutsche Schule in Südtirol. Zwar durfte der

Das faschistische Siegesdenkmal in Bozen – ein Symbol dafür, dass »dieses Land italienisch werden muss«. An der Stirnseite trägt es die Inschrift: »Hinc ceteros excoluimus lingua legibus artibus«. (Von hier aus haben wir den anderen die Sprache, die Gesetze und die Kultur vermittelt.)

Das Fundament des 1917 begonnenen Kaiserjägerdenkmals in Bozen. Genau an dieser Stelle begannen die Faschisten 1926 mit dem Bau des Siegesdenkmals. Das Denkmal wurde zwei Jahre später vollendet und am 12. Juli 1928 vom Trienter Fürstbischof Celestino Endrici gesegnet.

Deutschunterricht zunächst noch in sogenannten »Anhangstunden« abgehalten werden – das waren Stunden, die an den offiziellen Stundenplan angehängt werden konnten. Aber bald wurde auch dieser Deutschunterricht verboten.

Das Gesetz von Unterrichtsminister Giovanni Gentile betraf in Südtirol **324 Schulen mit 593 Klassen und rund 30.000 Schülern.** Sie durften nun nicht mehr in ihrer Muttersprache unterrichtet werden. Als Lehrerinnen und Lehrer wurden von der faschistischen Regierung in Rom Italiener angestellt, die nur ganz selten Deutsch verstanden. Die meisten deutschen Lehrkräfte wurden entweder entlassen oder in italienische Provinzen versetzt. Viele wurden arbeitslos.

Auch die Südtiroler Oberschulen entgingen dem Diktat von Unterrichtsminister Giovanni Gentile nicht. Davon ausgenommen waren nur das Vinzentinum in Brixen und das Johanneum in Dorf Tirol. Das waren bischöfliche Knabenseminare, und da durfte in der Schule Deutsch als Unterrichtssprache verwendet werden.

Verheerende Folgen

Die Folgen für die deutsche Jugend in Südtirol waren verheerend. Die meisten Schüler lernten nun weder Deutsch noch Italienisch. Viele Eltern weigerten sich, ihre Kinder in eine Schule zu schicken, die diesen Namen nicht mehr verdiente. Sie wurden deswegen von den faschistischen Behörden immer wieder angezeigt und zur Zahlung von Geldstrafen verurteilt. In Südtirol wuchs nun eine Generation heran, die des Schreibens und Lesens kaum mehr mächtig war. Dabei stand das

Mit der »Lex Gentile« wurde die deutsche Schule in Südtirol praktisch ausgelöscht.

Land vor 1923 an der Spitze aller Provinzen Italiens, was Schulerfolg und Schuldisziplin anging.

Die Südtiroler wollten die Italianisierung der deutschen Schule durch die faschistische Regierung nicht tatenlos hinnehmen. Sie griffen zur Selbsthilfe. Ermuntert und unterstützt wurden sie dabei vor allem von einem Mann, der zur tragenden Säule des Deutschunterrichtes in den 1920er und 1930er Jahren wurde. Das war Michael Gamper, Journalist, Theologe, Katechet und Präsident der Verlagsanstalt Tyrolia.

Aufruf von Michael Gamper

Zu Beginn des Schuljahres 1924/25 erließ Gamper in der Wochenzeitung »Volksbote« einen Aufruf an die Bevölkerung, in dem es u. a. hieß: *Nun beginnt ein neues Schuljahr. Aber wenn es nur mit dem italienischen Unterricht beginnt, dann ist das für euch so viel wie keines. Dann müßt ihr selbst für den Unterricht eurer Kinder in der Muttersprache sorgen. Jedes*

Deutsche Schulkinder wurden – wie hier in einer Meraner Schulklasse – häufig in die Uniform der faschistischen Jugendorganisation »Balilla« gesteckt.

Der Salurner Rechtsanwalt Josef Noldin wurde wegen seines Einsatzes für die deutsche Schule im Jahr 1927 von den Faschisten auf die Insel Lipari verbannt.

Haus, jede Hütte muß zum Schulhaus, jede Stube zur Schulstube werden, in der die Kinder den Unterricht in ihrer Muttersprache erhalten. Und die Lehrer seid ihr, ihr deutschen Väter und Mütter.

Dieser Aufruf von Michael Gamper verfehlte seine Wirkung in Südtirol nicht. Überall im Lande wurden deutsche Privatkurse eingerichtet, die zum Teil von jenen Lehrpersonen gehalten wurden, die zuvor ihre Stelle in den staatlichen Schulen verloren hatten. Aber auch diese Kurse waren Ettore Tolomei und seinen Gesinnungsgenossen ein Dorn im Auge. Sie wurden verboten und unter Strafe gestellt. Der damalige Präfekt von Bozen erließ eine Verordnung, in der die Polizei aufgefordert wurde, alle jene anzuzeigen, die zu Hause Privatunterricht durchführen. Der Präfekt sprach in diesem Zusammenhang von einer »Organisation des Widerstandes«. Schon wenn nur drei Kinder in einer Stube zusammensaßen und deutschen Privatunterricht erhielten, machten sich Eltern und Lehrerinnen oder Lehrer strafbar.

»Die Notschule«

Angesichts dieser Drohgebärden der faschistischen Machthaber konnte der Deutschunterricht nur mehr geheim erteilt werden. Michael Gamper verglich die Situation mit jener der ersten Christen im alten Rom. Sie konnten ihren Glauben nur in der Abgeschiedenheit der Katakomben bekennen, um vor Verfolgung einigermaßen sicher zu sein. Ähnlich erging es damals vielen Südtirolerinnen und Südtirolern. Auch sie konnten nur im Verborgenen ihren Kindern Deutschunterricht erteilen. Man spricht deswegen von der **Katakombenschule** in Südtirol, die oft auch »Notschule« genannt wird.

Die deutsche Notschule wurde maßgeblich von Michael Gamper aufgebaut. In seinem »Hauptquartier« im Bozner Marieninternat zog er behutsam und effizient die Fäden. Unterstützt wurde er dabei von vielen mutigen und engagierten Frauen und Männern, denen die deutsche Schule in Südtirol ein großes Anliegen war. Überaus wertvolle Hilfe erhielt er von den Pfarrern in den Dörfern und Städten. Sie stellten oft Räume im Widum zur Verfügung, wo geheimer Deutschunterricht erteilt wurde.

Gamper arbeitete beim Aufbau der Notschule nach einem strategisch gut durchdachten System. Er teilte das Land in drei Bezirke ein – in den Bezirk Bozen, Brixen und Meran. Er organisierte die Ausbildung der Lehrkräfte, besorgte Bücher, erteilte Richtlinien – mit einem Wort: Sein Büro in Bozen war die Schaltstelle für den geheimen Deutschunterricht in Südtirol.

Das alles geschah jedoch unter großen Risiken. Die faschistischen Behörden verfolgten die deutsche Geheimschule mit rücksichtsloser Härte. Immer wieder versuchten italienische Lehrkräfte, die Kinder in der staatlichen Schule auszuhorchen. Sie wollten erfahren, ob sie zu Hause Deutsch lernten. Bei geringstem Verdacht wurden Hausdurchsuchungen angeordnet. Wenn Eltern oder Lehrerinnen und Lehrer dabei erwischt wurden, mussten sie mit strengen Strafen rechnen. Das Strafausmaß

Diözese: Seelsorge *Pozner Stadtpfarre*

Pfarrschul-Zeugnis
über den Religionsunterricht

für *Gisser Martha*

III. Jahrgang   Schuljahr 19 *35/36*

	1 Weihnachten	2 Ostern	3 Pfingsten
Betragen	1	1	1
Fleiß	1	1	1
Katechismus und Bibel	1	1	1
Religiöse Übungen	/	/	/
Kirchengesang	/	/	/
Versäumte Religion-Stunden	/	/	2
davon unentschuldigt	/	/	/
Unterschrift der Eltern oder deren Stellvertreter	*Lorb Gisser*	*Anna Gisser*	

am *15. Jänner* 19 *36.*

Mgr. Josef Kaiser   *Radlbauer*
Seelsorger (Pfarrer)   Katechet
Propst und Stadtpfarrer
BEMERKUNG: 1 = sehr gut, 2 = gut, 3 = genügend, 4 = kaum genügend, 5 = nicht genügend.

Die Pfarrämter stellten eigene Pfarrschul-Zeugnisse über den Religionsunterricht aus.

In den Pfarrschulen konnte Religionsunterricht in der Muttersprache erteilt werden.
Die Pfarrämter stellten eigene Zeugnisse aus.

reichte von Verwarnungen und Geldbußen über Einkerkerung bis zur Verbannung auf einsame Inseln in Süditalien.

Viele Südtiroler sind damals das Opfer des faschistischen Terrors geworden. Besonders bekannt ist das Schicksal von **Josef Noldin, Rudolf Riedl und Angela Nikoletti.** Alle drei waren im Südtiroler Unterland beheimatet, das damals zur Provinz Trient gehörte. In diesen Gemeinden wüteten die Faschisten mit besonders brutaler Härte. Noldin und Riedl wurden nach Süditalien verbannt, Nikoletti wurde damals verhaftet und starb im Alter von 25 Jahren.

Lichtblick »Pfarrschule«

Einen Lichtblick in dieser düsteren Zeit bildete der Religionsunterricht. Tolomei und seine Helfershelfer wollten mit der Italianisierung der deutschen Schulen auch den Religionsunterricht in ihre Gewalt bringen. Aber auf diesem Gebiet hatte der Klerus ein entscheidendes Wort mitzureden. Die Pfarrer erklärten immer wieder, sie könnten es vor ihrem Gewissen nicht verantworten, den Kindern Religionsunterricht in einer Sprache zu erteilen, die nicht die Muttersprache ist.

Zum Wortführer dieses Anliegens machte sich vor allem der **Fürstbischof von Brixen Johannes Geisler.** Er reiste mehrmals nach Rom und bat beim Heiligen Stuhl um Unterstützung. Die Mitarbeiter des Papstes erreichten dann bei der Regierung Ausnahmen für den Religionsunterricht, die jedoch nur kurzfristig gewährt wurden. Eine endgültige Vereinbarung zwischen Kirche und Regierung kam im Jahr 1928 mit der Einrichtung der sogenannten »Pfarrschule« zustande. Nun war es den Katecheten erlaubt, Schülern zwischen sechs und vierzehn Jahren deutschen Religionsunterricht zu erteilen. Es durften auch deutsche Bücher verwendet werden, es wurde auch deutsch gelesen und gesungen, und vor allem: Die Kinder wurden angehalten, in klaren deutschen Sätzen zu sprechen. Vielen Kindern, die zu Hause nur im Dialekt redeten, konnten damit wichtige Grundlagen für die deutsche Sprache vermittelt werden.

So war der deutsche Religionsunterricht wie eine »kleine Insel«, die jedoch immer wieder von feindlichen Fluten umspült wurde. Der Unterricht in der Pfarrschule verlangte von den Katecheten große Opfer.

Sie wurden von den Behörden bespitzelt und bedroht. Aber diesen Unterricht zu verbieten, wagte die faschistische Regierung nicht. Auf einen »Burgfrieden« mit der Kirche legte Mussolini aus innenpolitischen Gründen großen Wert. Den Südtirolern kam das zugute.

Die Folgen des faschistischen Italianisierungsterrors in den Schulen waren verheerend. Es wuchs nun in Südtirol eine Generation heran, die nicht mehr gelernt hat, die Muttersprache korrekt zu beherrschen. Der Fluch der bösen Tat ist weit ins 20. Jahrhundert hinein zu spüren.

»Den Herrgott zum Bundesgenossen ...«

Michael Gamper, der »Moses der Südtiroler«

Es ist der 19. April 1956. Ein wolkenverhangener Himmel wölbt sich am frühen Nachmittag über Bozen. Die schweren Nebelschwaden drücken streckenweise bis ins Tal herunter. Es ist, als würde der Himmel einstimmen in die Trauer von Land und Leuten in ganz Südtirol und weit darüber hinaus. Um 14 Uhr ertönen klagend vom Turm der Bozner Pfarrkirche die Glocken, die zum letzten Gruß läuten, und dann setzt sich der gewaltige Trauerzug in Bewegung.

Die Trauer gilt einem der Größten, die je in Südtirol gelebt und gewirkt haben. Michael Gamper, der Kanonikus, wie ihn die meisten genannt haben, wird zur letzten Ruhe begleitet. Der Trauerzug bewegt sich von der Pfarrkirche zum Friedhof nach Oberau. Zehntausend sind es, die sich in den Trauerzug einreihen. Diözesanbischof **Joseph Gargitter** mit mehr als 300 Priestern, die Landeshauptleute von Süd- und Nordtirol, Politiker aus Deutschland und Österreich, Freunde aus nah und fern. Und über 20.000 dürften es sein, welche die Straßen säumen, um dem Kanonikus ihren letzten Gruß zu entbieten. *Eine großartigere, eindrucksvollere und ergreifendere Beerdigung ist in der Geschichte des Landes nicht verzeichnet worden*, schreibt das »Katholische Sonntagsblatt«.

Ein »Lichtzeichen für sein Volk«

Franz Gschnitzer, Mitglied des österreichischen Parlamentes, würdigt am Grabe die Verdienste des Verstorbenen. Er vergleicht Michael Gamper mit dem biblischen Moses. *Gleich wie dieser sein Volk durch die Wüste führte und es in Not und Verzweiflung immer wieder aufrichtete, so war auch Michael Gamper für sein Volk in Not und Bedrängnis immer wieder ein Lichtzeichen, an dem sich die Menschen orientieren konnten.*

Kanonikus Michael Gamper

Wer ist Michael Gamper? Worin liegt die Größe seiner Persönlichkeit? Welche Leistungen hat er für Südtirol erbracht, dass ihm eine Beerdigung zuteil wurde wie wohl niemandem zuvor in Südtirol? Geboren wird Michael Gamper am 7. Februar 1885 in Prissian, wo sein Vater eine Schmiedewerkstatt betreibt. Weil der Bub talentiert ist, wird er zum Studieren geschickt, wie es damals geheißen hat. Der Vater hätte den Buben lieber in der eigenen Werkstatt gesehen, weil er bei gelegentlichen kleineren Arbeiten bereits eine geschickte Hand zeigt. Aber der Pfarrer und der Lehrer sind fürs Studieren, und so lässt sich der Vater schließlich überzeugen.

Michael kommt als Elfjähriger nach Meran und später ins Johanneum nach Dorf Tirol, wo er das Gymnasium besucht. Michael wird als Gymnasiast Mitglied einer Studentenverbindung, und da wird bisweilen ordentlich bis tief in die Nacht hinein gefeiert. Den Vorgesetzten im Johanneum gefällt dieser Lebensstil nicht, und als häufiges Mahnen der Präfekten nichts fruchtet, erhält Michael im siebten Kurs – also im Jahr vor der Matura – den Laufpass. Er muss während des Schuljahres das

Johanneum verlassen. Bis zur Matura bleibt er in Meran. Anschließend besucht er in Innsbruck die Theologische Fakultät und wird im Jahr 1908 zum Priester geweiht.

Es ist die Zeit, als Tirol noch von Kufstein bis Ala im Trentino reichte und die Grenze am Brenner noch nicht existierte.

Unruhige Jahre

Die ersten Erfahrungen als Seelsorger macht Michael Gamper in Gfrill, Altrei, Leifers, Barbian und Kardaun. Im Oktober 1914 wird er zum Kanonikus, zum Domherrn der Propsteikirche von Bozen, ernannt. Gamper kommt als Religionslehrer an die Bozner Marienschule, die damalige Volks- und Bürgerschule. Später kommt noch der Unterricht an der Bozner Töchterschule und am Mädchenlyzeum dazu. Ehemalige Schüler und Schülerinnen berichten, dass der Kanonikus ein

Wangen am Ritten: Im Pfarrhaus neben der Kirche hielt sich Michael Gamper vom 10. September bis 30. Oktober 1943 versteckt.

63

ausgezeichneter Katechet war. Nach dem Religionsunterricht bleibt dem Katecheten noch Zeit für die Beschäftigung mit der Presse, einem Hobby des Kanonikus bereits seit seinen Studienjahren in Meran und Innsbruck.

Es sind unruhige Monate und Jahre, die Michael Gamper erlebt. Die Zeitungen berichten wenig Gutes. Der Erste Weltkrieg tobt an verschiedenen Fronten. Im Mai 1915 erklärt Italien Österreich den Krieg. Die Entente verspricht den Italienern Gebiete an der Adria und Tirol bis zum Brenner. Die Tiroler Standschützen rücken aus, um die Front im Süden zu verteidigen. Der Kanonikus verbringt in dieser Zeit bisweilen schlaflose Nächte. Was wird wohl sein, wenn Italien mit der Entente den Krieg gegen Österreich gewänne? Würde der Süden Tirols dann zu Italien kommen? Fragen über Fragen, die ihn bedrängen.

Im Jahr 1919 wird bittere Wirklichkeit, was Michael Gamper schon nach 1915 befürchtet hat. Tirol bis zum Brenner kommt zu Italien. Die Friedensmacher in Saint-Germain haben es so beschlossen, gegen den Willen der deutschen Bevölkerung. Das Selbstbestimmungsrecht, das zuvor vom amerikanischen Präsidenten Wilson feierlich verkündet worden ist, erweist sich als leere Worthülse.

Wie ein Seismograf ...

Michael Gamper übernimmt 1919 die Redaktion der Wochenzeitung »Volksbote«. Wie ein Seismograf registriert er die Entwicklung in Südtirol nach der Angliederung des Landes an Italien. Gamper ist sich der Macht und des Einflusses der Presse bewusst. Mit seinem feinen Spürsinn wittert er bald: Die Italiener wollen den Südtirolern ihr Recht auf die deutsche Schule streitig machen. Und er spricht eine klare Sprache. *Die Presse ist das Signalhorn, welches das Volk aufruft zum einigen geschlossenen Vorgehen gegen die Feinde unseres Volkstums,* schreibt er im »Volksboten«. Hier wird in Gamper bereits der »Moses« sichtbar, von dem Franz Gschnitzer beim Begräbnis gesprochen hat.

Einigkeit im Kampf gegen die Faschisten, die Südtirol italianisieren wollen: Das ist in den folgenden Jahren das Gebot der Stunde. Und in Michael Gamper haben die Deutschen in Südtirol einen Anwalt, der mit Geschick und Unerschrockenheit ihre Belange verteidigt. Unerbittlich ist der Kanonikus, wenn es um die Verteidigung der deutschen Schule in Südtirol geht. Er weiß: Wenn es den Faschisten gelingen sollte, die Jugend zu italianisieren, dann wird die Italianisierung von ganz Südtirol nicht mehr lange auf sich warten lassen.

Anwalt gegen die Unterdrückung

Michael Gamper wird nun zum ersten Anwalt für die Belange der Südtiroler gegen die faschistische Politik der Unterdrückung. Mit unermüdlichem Eifer organisiert er die deutsche Schule im Untergrund. In seinem Büro im Marieninternat in Bozen laufen die Fäden zusammen. Er sorgt für die geheime Ausbildung von Lehrkräften, er beschafft auf geheime Weise Lehrbücher aus Österreich und Deutschland, und er ermuntert immer wieder Eltern in Stadt und Land, wenn sie faschistische Übergriffe gewärtigen müssen. Michael Gamper ist es maßgeblich zu verdanken, wenn zur Zeit des Faschismus wenigstens der Religionsunterricht in deutscher Sprache abgewickelt werden konnte.

Viele Südtirolerinnen und Südtiroler werden in den 1920er und 1930er Jahren von den Faschisten verfolgt, bestraft, eingekerkert und auch auf einsame Inseln in Süditalien verbannt, nur weil sie Kindern deutschen Unterricht erteilt haben oder erteilen ließen.

Ein zentraler Grundsatz von Gamper lautet: *Ein Volk, das um nichts anderes kämpft als um sein natürliches und verbrieftes Recht, wird den Herrgott zum Bundesgenossen haben.* Das Recht auf die Muttersprache in den Schulen ist ein Grundrecht der Menschen in Südtirol. Mit seinem Einsatz für die Erhaltung der Muttersprache in Südtirol zur Zeit des Faschismus hat Gamper ein Stück Südtirolgeschichte in schwierigster Zeit geschrieben. Schülerheime in Südtirol, die seinen Namen tragen, erinnern an diese große Leistung.

Aber Michael Gamper stemmt sich nicht nur gegen den Faschismus mit aller Kraft, sondern auch gegen den Nationalsozialismus. In Hitler und Mussolini sieht Gamper eine Ausgeburt des Bösen. Die beiden Diktatoren schließen im Jahr 1939 ein Bündnis, das sie Stahlpakt nennen. Die »Südtirol-Frage« soll im Zeichen dieses Bündnisses **endgültig** gelöst werden. Hitler und Mussolini fürchten nämlich: Deutsche in

Südtirol – das könnte immer wieder ein unliebsamer Zankapfel sein, der die Beziehungen zwischen Faschisten und Nationalsozialisten trüben könnte. Also muss das Problem auf eine **radikale Weise** aus der Welt geschafft werden.

Was das heißt, bringt der faschistische Außenminister Graf Ciano auf den Punkt. Er stellt fest: *Wenn die Berge nicht versetzt werden können, müssen die Menschen verpflanzt werden.*

Im Klartext bedeutet dies: Jene Südtiroler, die nicht Italiener werden wollen, sollen ihre Heimat verlassen und ins Deutsche Reich auswandern. Im Juni 1939 wird in Berlin zwischen Nationalsozialisten und Faschisten eine Vereinbarung abgeschlossen, die als Optionsvertrag in die Geschichte eingegangen ist.

Wortführer der »Dableiber«

Die Südtiroler stehen nun vor einem schrecklich-schicksalhaften Dilemma, das lautet: Sollen sie ihre Heimat verlassen und ins national-sozialistische Deutschland auswandern, um vielleicht ihr Volkstum zu retten? Oder sollen sie in ihrer Heimat Südtirol bleiben, wo sie allerdings befürchten müssen, von den Faschisten italianisiert oder gar in süd-lichere Regionen verpflanzt zu werden?

Für viele Südtiroler ist dies eine furchtbare Alternative, die ihnen von den beiden Diktatoren aufgezwungen wird. Die meisten wissen nicht, wie sie entscheiden sollen. Im Lande bilden sich zwei Gruppen: Die eine Gruppe, das sind die »Optanten«. Sie haben die Hoffnung aufgegeben, dass Südtirol deutsch bleiben kann. Sie wollen auswandern und hoffen in Deutschland auf eine neue Heimat. Die andere Gruppe, das sind die »Dableiber«. Sie wollen ihre angestammte Heimat unter keinen Umständen verlassen. Michael Gamper wird zum Wortführer der »Dableiber«. Er gibt die Devise aus: Die Südtiroler dürfen Südtirol nie und nimmer verlassen. Gamper hofft auf einen baldigen Sturz von Hitler und Mussolini und auf eine bessere Zukunft im Lande.

Ein dramatisches Tauziehen zwischen beiden Gruppen entwickelt sich. Die Wortführer der »Optanten« ziehen durch Stadt und Land und werben mit großem Propagandaaufwand für das Auswandern. Michael

Gedenken an Michael Gamper: Die »Dolomiten« widmete am 16. April 1956 dem verstorbenen Kanonikus die ganze erste Seite.

Gamper dagegen versucht mit Freunden, die Südtiroler fürs Dableiben zu gewinnen. In Zeitungsartikeln und in vielen persönlichen Kontakten will er die Menschen überzeugen, die Heimat nicht zu verlassen. Das Marieninternat in Bozen, wo Gamper sein Büro hat, wird zur Schaltstelle der »Dableiber«. Sein Einsatz für die »Dableiber« missfällt den Nationalsozialisten. Sie hassen den Kanonikus. Gamper wird in Südtirol zum Feind Nummer eins der Nationalsozialisten erklärt.

Die Nationalsozialisten besetzen nach dem Waffenstillstand der Alliierten mit Italien am 8. September 1943 Südtirol. Sie führen nun das Regiment im Lande. Die Wortführer der »Dableiber« müssen um ihre Freiheit fürchten. Die Situation wird vor allem für Michael Gamper brenzlig. Die Nationalsozialisten wollen ihn verhaften. Gamper jedoch gelingt es, seinen Häschern zu entwischen. Noch am Morgen des 9. September verlässt der Kanonikus das Marieninternat in Bozen und flüchtet nach Wangen auf den Ritten. Im dortigen Widum findet er Unterschlupf. Es ist gewissermaßen fünf vor zwölf, denn die Nationalsozialisten durchsuchen in der Nacht auf den 10. September das Marieninternat und stellen alles auf den Kopf. Aber sie finden nur mehr die Kleider des Priesters und müssen unverrichteter Dinge wieder abziehen.

Flucht nach Florenz

Aber auch im abgelegenen Widum von Wangen wird die Lage für Michael Gamper bald zu gefährlich. Die Häscher der Nationalsozialisten suchen nach ihm und wollen seiner unbedingt habhaft werden. Deswegen wird eine neue Flucht ins Auge gefasst. Sie wird von Freunden gründlich vorbereitet und beginnt auf abenteuerliche Weise am frühen Morgen des 31. Oktober 1943. Gamper wird in aller Herrgottsfrühe von Wangen durch den Wald auf die Sarntaler Straße heruntergebracht, dort zieht er eine deutsche Wehrmachtsuniform an, und dann geht die Reise diesmal in einem Auto Richtung Süden – nach Florenz. Florenz liegt nach dem Waffenstillstand zwischen Italien und den Alliierten bereits im Einflussbereich der Amerikaner.

Michael Gamper findet unweit der toskanischen Hauptstadt in einem Kloster Unterkunft. Dort fristet er als Don Michele bis zum Ende des Krieges ein bescheidenes Dasein. Die Schwestern des Klosters sorgen mit liebenswürdiger Zuwendung für den Kanonikus, aber die Zeiten des Krieges sind hart und entbehrungsreich. Es gibt kaum das Notwendige für den Lebensunterhalt. Gamper ist unterernährt und gesundheitlich angeschlagen. Um bei Spaziergängen nicht aufzufallen, vertauscht er den hierzulande üblichen Priesterhabitus mit einer langen Sutane, zudem setzt er den bei italienischen Geistlichen üblichen Rundhut, den Tondo, auf. So ist er nicht mehr von anderen Geistlichen zu unterscheiden.

Michael Gamper, der Kopf des Widerstandes gegen Faschismus und Nationalsozialismus, denkt in der Abgeschiedenheit des Klosters mit sorgenvoller Wehmut an seine Heimat. Die Nachrichten aus Südtirol sind spärlich. Aber immer, wenn Post von Freunden kommt, ist es für ihn wie ein Festtag.

Denkschrift für die Alliierten

Michael Gamper ahnt im Jahr 1944 das Ende des Krieges voraus. Mussolini ist in Italien bereits vom Sockel gestürzt, Hitlers Ende ist nur mehr eine Frage der Zeit. Der Kanonikus denkt an die Zeit nach dem Kriege. Sein großes Ziel ist es zu erreichen, dass Südtirol wieder zu Österreich zurückkommt. In der Toskana arbeitet er an einer Denkschrift, die den Alliierten in Rom übergeben werden soll. In der Denkschrift wird die leidvolle Geschichte der Südtiroler vom Ende des Ersten Weltkrieges bis in die beginnenden 1940er Jahre geschildert. Dann bekräftigt Gamper: *Friede und Freiheit von Furcht werden erst dann wieder in die Täler Tirols einziehen können, wenn diese von der so verhaßten italienischen Fremdherrschaft und dem Naziterror endgültig befreit sind.* Gamper reist selbst nach Rom, um Möglichkeiten zu suchen, den Alliierten seine Denkschrift zu übergeben, was ihm auch gelingt.

Inzwischen sind die letzten Kriegstage hereingebrochen. Die große Frage ist nun: Was wird mit Südtirol geschehen? Wird das den Südtirolern 1919 im Friedensvertrag von Saint-Germain und in zwanzig Jahren faschistischer Gewaltherrschaft zugefügte Unrecht wiedergutgemacht? Wird ihnen die Rückkehr zu Österreich ermöglicht? Wird es eine Volksabstimmung dazu geben? Die Entscheidung liegt nicht bei den Südtirolern selber, auch nicht bei Österreich, sondern bei den Siegermächten. Sie beraten in Paris über die neue politische Ordnung in Europa.

Führende Rolle in der SVP

In Bozen ist unmittelbar nach Kriegsende die Südtiroler Volkspartei (SVP) gegründet worden. Sie vertritt in Zukunft die politischen Anliegen der Südtirolerinnen und Südtiroler. Bei den ersten freien Wahlen nach dem Krieg im Jahr 1948 wird sie in dieser Rolle eindrucksvoll bestätigt. Eine der ersten großen Aufgaben, die zu bewältigen sind, ist die Abhaltung einer Volksabstimmung im Lande.

Michael Gamper, der im Herbst 1945 aus dem italienischen Exil nach Bozen zurückgekehrt ist, übernimmt eine führende Rolle in den Reihen der SVP. In den kommenden zehn Jahren bis zu seinem Tode 1956 wird er immer mehr zum geistigen Führer der Südtiroler. Ein Zeitzeuge, der Gamper persönlich gekannt hat, erinnert sich: *Immer, wenn große Entscheidungen getroffen werden mußten, wurde um seine Meinung gefragt. Die Stimme des Kanonikus hatte Gewicht in den Gremien der SVP.*

Schwerwiegende Entscheidungen sind in der Tat zu treffen – in den ersten Jahren nach dem Kriege. Die Volksabstimmung über die Rückkehr Südtirols zu Österreich wird zwar von den Südtirolern vehement gefordert, aber die alliierten Friedensmacher in Paris weisen ihre Forderung zurück und sagen Nein. Als Trostpflaster wird allerdings in

Abschied von Kanonikus Michael Gamper auf dem Friedhof von Bozen-Oberau

Paris im September 1946 ein Vertrag zwischen Österreich und Italien abgeschlossen, mit dem Südtirol eine Autonomie gewährt wird.

»Das ist unser Grundgesetz«

Der Wunsch der Südtiroler ist damit nicht in Erfüllung gegangen, aber ein internationaler Vertrag ist immerhin besser als nichts, sagt Gamper. Der Kanonikus zitiert das bekannte Sprichwort: Besser das Ei in der Hand als die Henne auf dem Dach. Später bezeichnet Gamper den Pariser Vertrag einmal als »Magna Charta« der Südtiroler. Der Kanonikus wörtlich: *Das ist unser Grundgesetz, nach dem das Zusammenleben von Deutschen und Italienern in Zukunft in Südtirol ausgerichtet ist.*

Aber diese Magna Charta, die in Paris zwischen dem österreichischen Außenminister Karl Gruber und dem italienischen Außenminister Alcide Degasperi unterschrieben worden ist, muss erst mit Leben erfüllt werden. Das soll in der neuen italienischen Verfassung geschehen, die 1948 in Kraft tritt. Die Südtirolautonomie ist darin verankert, aber nicht in jener Form, die in Paris unterzeichnet worden ist. Degasperi hat daraus eine eigene Konstruktion gemacht: Er hat Südtirol mit dem Trentino zusammengelegt und die Region Trentino-Südtirol geschaffen. Dieses Gebilde entspricht nicht dem Geiste des Pariser Vertrages.

Gamper und seine politischen Freunde sind empört über den Schachzug von Alcide Degasperi. Sie fühlen sich um die Früchte der Autonomie gebracht. Denn die Südtiroler in der Region zusammen mit den Trentinern – das bedeutet: Einem Drittel Deutsche stehen zwei Drittel Italiener gegenüber. Und nicht Bozen ist das Zentrum der Verwaltung, sondern Trient. Die entscheidenden Weichen für Politik, Kultur und Wirtschaft werden nicht im Landtag von Bozen gestellt, sondern im Regionalrat von Trient. Bozen ist eine Landeshauptstadt fast ohne Funktionen – ein politisches Mauerblümchen.

Bis zum letzten Atemzug ...

Michael Gamper, inzwischen Direktor der Tageszeitung »Dolomiten«, schreibt sich seine Enttäuschung über Degasperi immer wieder von der Seele. In vielen Zeitungsartikeln zeigt er mit dem Finger auf das Unrecht, das den Südtirolern zugefügt worden ist. Eine große Gefahr sieht Gamper Anfang der 1950er Jahre für die Südtiroler in der massiven Zuwanderung von Italienern aus südlichen Provinzen. Diese Zuwanderung wird von der Regierung in Rom gefördert und unterstützt. Sie ist eine Fortsetzung jener Politik, die bereits in den 1930er Jahren von den Faschisten begonnen worden ist.

Michael Gamper ist sich bewusst: Die Südtiroler allein können den Kampf um die Erhaltung des Volkstums nicht bestehen. Sie brauchen die Hilfe auch jenes Staates, der 1946 in Paris den Autonomievertrag unterzeichnet hat. *Das ist Österreich.* Gamper knüpft enge Kontakte zu Wien und Innsbruck. Dabei geht es ihm vor allem darum, dass junge Südtirolerinnen und Südtiroler an österreichischen Universitäten studieren können und ihre dort erworbenen Diplome in Italien anerkannt werden. Die Zukunft Südtirols, sagt Gamper, hängt wesentlich mit der akademischen Ausbildung junger Südtiroler zusammen. Und die sollte nach seinen Vorstellungen vor allem in Österreich erfolgen. An der Gründung der Südtiroler Hochschülerschaft und auch des Südtiroler Kulturinstitutes ist Gamper maßgeblich beteiligt.

Der Glaube von Michael Gamper an Recht und Gerechtigkeit ist unerschütterlich. Sein Motto lautet: *Ein Volk, das um nichts anderes kämpft als um sein natürliches und verbrieftes Recht, wird den Herrgott zum Bundesgenossen haben.* Bis zum letzten Atemzug kämpft er für sein Land Südtirol. Glaube und Heimat sind für ihn keine Worthülsen, sondern ein Programm, dem er sich zeit seines Lebens verpflichtet fühlt.

Michael Gamper ist eine der leuchtendsten Persönlichkeiten der Tiroler Geschichte.

Die »Option«

Eine schreckliche Zeit

Berlin, Freitag, 23. Juni 1939: Am Sitz der Geheimen Staatspolizei in der Prinz-Albrecht-Straße brennen an diesem Abend die Lichter bis tief in die Nacht hinein. Geheime Beratungen finden statt – zwischen hohen Funktionären aus dem nationalsozialistischen Deutschland und dem faschistischen Italien. Die deutsche Delegation wird vom Reichsführer der SS, Heinrich Himmler, angeführt, die Italiener werden von Botschafter Attolico geleitet; unter ihnen ist auch der faschistische Präfekt von Bozen, Giuseppe Mastromattei. Es geht um Südtirol – um eine *radikale, endgültige und freundschaftliche Lösung dieses Problems,* wie es offiziell heißt.

Die »Südtirol-Frage« hat in den Jahren zuvor die Beziehungen zwischen dem Deutschen Reich und Italien immer wieder belastet. Es war wie Sand im diplomatischen Getriebe zwischen beiden Staaten. Dieser Sand sollte nun ausgeräumt werden – durch eine radikale Lösung. Die radikale Lösung bedeutet für die Südtiroler: Aussiedlung ins Deutsche Reich, und darüber wurde am 23. Juni 1939 in Berlin zwischen der faschistischen und der nationalsozialistischen Delegation verhandelt und eine Vereinbarung getroffen. Diese Vereinbarung ist als »Option« in die Geschichte eingegangen.

Eine lange Vorgeschichte

Das Berliner Abkommen hat eine lange Vorgeschichte. Blättern wir zwanzig Jahre zurück in das Jahr 1919. In Saint-Germain, einem Vorort von Paris, wurde zwischen Österreich und Italien der Schlussstrich unter den Ersten Weltkrieg gezogen. Im Friedensvertrag von Saint-Germain wurde Tirol geteilt, der Teil südlich des Brenners kam zum Königreich

In »stählerner Freundschaft« verbunden: Benito Mussolini (links) und Adolf Hitler am Brenner (1939)

Italien. Die Bevölkerung des Landes, die damals zu über neunzig Prozent deutsch war, wurde um ihre Meinung nicht befragt. Das Recht auf Selbstbestimmung fand keine Anwendung. Die Menschen hätten, wären sie befragt worden, ihre Zustimmung zur Losreißung von Österreich niemals gegeben.

Als im Oktober 1922 in Rom die faschistischen Schwarzhemden die Macht übernahmen und Mussolini zum Duce, zum Führer der Nation, aufrückte – er war jetzt nicht nur Chef der Faschistischen Partei, sondern auch Ministerpräsident –, änderte sich die Situation auch in Südtirol schlagartig. Von nun an diktierten die Schwarzhemden das Geschehen im Lande. Ihr Ziel war es, Südtirol innerhalb kurzer Zeit italienisch zu machen. Der Bannerträger der faschistischen Italianisierungspolitik hieß Ettore Tolomei. Er genoss die Unterstützung und das Vertrauen Mussolinis und entwickelte ein Programm zur Italianisierung des Landes. Alle Bereiche des öffentlichen Lebens waren davon betroffen: die Schulen, die Gemeinden, die Wirtschaft, die Flur- und Ortsnamen, der Name Tirol durfte nicht mehr verwendet werden, und sogar die Familiennamen sollten italianisiert werden.

Am meisten bekamen die deutschen Bewohner von Bozen diese faschistische Politik zu spüren. In Bozen wurde Ende der 1920er Jahre ein Siegesdenkmal eingeweiht, das die Faschisten als Symbol der »Italianità« verstanden wissen wollten, und im Süden der Stadt wurde Mitte der 1930er Jahre ein großes Industriegebiet errichtet, in dem viele Tausende italienische Zuwanderer Arbeit fanden. Die massive italienische Zuwanderung veränderte das Bild der Stadt. Es konnte nur mehr eine Frage von wenigen Jahren sein, bis die Südtiroler in Bozen zur Minderheit wurden. Es war damals eine überaus schwierige Zeit für die Südtiroler. Die Zukunftsaussichten waren düster. Zwar setzten sich viele Menschen gegen die faschistische Italianisierungspolitik energisch zur Wehr, aber was vermochten schon 200.000 gegen eine übermächtige Nation von vielen Millionen. Südtirol muss italienisch werden, trommelte Tolomei fast ohne Unterlass.

Eine neue Lage

Eine neue Lage entstand, als im Jahr 1933 in Deutschland Adolf Hitler an die Macht kam. Hitler hatte mehrmals das faschistische Italien als natürlichen Bündnispartner des Deutschen Reiches bezeichnet. Dabei beteuerte er immer wieder, dass er für die Südtiroler keinen Finger rühren wolle. *Mit Italien, das seine nationale Wiedergeburt erlebt und eine große Zukunft hat, muß Deutschland zusammengehen. Dazu ist nötig ein klarer und bündiger Verzicht auf die Deutschen in Südtirol*, stellte Hitler wörtlich fest.

Aber andererseits wollte Hitler alle Volksdeutschen in einem Groß-deutschen Reich zusammenschließen. Das war ein Kernpunkt seines Programms. Und Volksdeutsche waren die Südtiroler auf alle Fälle auch. Viele Südtiroler konnten einfach nicht glauben, dass sie Hitler im Stiche ließe. Und die Hoffnung auf den Führer wuchs, als das Saarland, Österreich und das Sudetenland zum Deutschen Reich kamen. *Die Saar ist frei, jetzt kommen wir an die Reih*, hieß es damals landauf, landab. Aber Hitler erfüllte diese Hoffnungen nicht. Ihm war die Freundschaft mit Italien wichtiger. Im Mai 1939 reiste er zu einem Staatsbesuch zu Mussolini nach Rom, und dort erklärte er bei einem Festbankett den endgültigen Verzicht auf die Brennergrenze mit den Worten: *Es ist mein unerschütterlicher Wille, daß die von der Natur zwischen Deutschland und Italien aufgerichtete Alpengrenze für immer unantastbar bleibt.*

Hitler ging dann noch einen entscheidenden Schritt weiter. Er willigte in Verhandlungen mit der faschistischen Regierung über Südtirol ein. Ziel war die Aussiedlung der Südtiroler und damit die endgültige **Lösung** des »Südtirol-Problems«. Auch den Faschisten in Rom und Bozen kamen diese Verhandlungen sehr gelegen. Denn was ihnen mit der Politik der Italianisierung und der Zuwanderung nur langfristig gelingen konnte, nämlich Südtirol italienisch zu machen, das schien jetzt mit einem deutsch-italienischen Vertrag über die Aussiedlung der Südtiroler in greifbare Nähe gerückt.

Die Beratungen wurden geheim geführt und dauerten mit Unterbrechungen rund anderthalb Jahre. Am 23. Juni 1939 kam es in Berlin zu abschließenden Gesprächen und zu einem gemeinsamen Beschluss, der als »Option« in die Geschichte eingegangen ist. Entsprechend dieser Vereinbarung sollten die Südtiroler, die ihr Volkstum bewahren wollten, ihre Heimat verlassen und ins Deutsche Reich auswandern. Als Termin für die Entscheidung wurde der 31. Dezember 1939 festgesetzt.

»Schandvertrag«

Für viele Südtiroler war das eine schreckliche Entscheidung. Im Klartext bedeutete sie: Wer deutsch bleiben wollte, sollte auswandern, und diejenigen, die in Südtirol blieben, hatten kaum eine Aussicht mehr auf

Giuseppe Mastromattei, seit 1933 faschistischer Präfekt der Provinz Bozen, hatte als Mitglied der italienischen Delegation maßgeblich an der deutsch-italienischen Umsiedlungsvereinbarung vom Juni 1939 mitgewirkt.

den Schutz ihres Volkstums. Als die Berliner Umsiedlungsvereinbarung in Südtirol offiziell bekannt wurde, ging ein Sturm der Empörung durch das ganze Land. Die Menschen waren entrüstet und schockiert. Man sprach von einem »Schandvertrag«. In Südtirol gab es damals vor

Während sich der Südtiroler Klerus mit großer Mehrheit fürs Dableiben aussprach, optierte der Brixner Fürstbischof Johannes Geisler am 25. Juni 1940 für Deutschland.

allem zwei einflussreiche Gruppen: Das waren der Völkische Kampfring Südtirols, kurz VKS genannt, und der Deutsche Verband. Der Völkische Kampfring wurde 1933 gegründet, in seinen Reihen arbeiteten vor allem junge, politisch interessierte Menschen, die gute Kontakte zu national-sozialistischen Kreisen in München und Berlin hatten. Peter Hofer hieß der Vorsitzende des VKS.

Der Deutsche Verband wurde nach dem Ersten Weltkrieg gegründet und hatte das Edelweiß als Symbol. In den Reihen des Verbandes waren vorwiegend Frauen und Männer aktiv, die zur mittleren Generation zählten. Geleitet wurde der Deutsche Verband von Kanonikus Michael Gamper. Beide Organisationen arbeiteten in den 1930er Jahren zusammen und bildeten im politischen Untergrund eine gemeinsame Front gegen die faschistische Unterdrückungspolitik.

Knapp eine Woche nach der Berliner Umsiedlungsvereinbarung trafen sich VKS und Deutscher Verband zu gemeinsamen Beratungen in Bozen. Erörtert wurde die Lage, die sich nach dem 23. Juni in Südtirol ergeben hatte. Dabei kamen beide Gruppen zum einhelligen Beschluss, die Umsiedlung kategorisch abzulehnen und auf alle Fälle im Lande zu bleiben. Peter Hofer, der Chef des VKS, erklärte wörtlich: *Bevor wir umsiedeln, schicken wir unsere Kinder zur Balilla, der faschistischen Jugendorganisation, ziehen das schwarze Faschistenhemd an und lassen alle unsere Namen italianisieren.*

Aber die gemeinsame Front von VKS und Deutschem Verband war nicht von langer Dauer. Bereits vierzehn Tage nach der Sitzung in Bozen wurden die Weichen neu gestellt. Die Wege der beiden Organisationen trennten sich. Der VKS ging auf Optionskurs, er machte sich also für die Aussiedlung stark. *Wir gehen geschlossen ins Reich,* lautete seine neue Devise. Die Mitglieder des Deutschen Verbandes blieben dagegen bei ihrem früheren Standpunkt. Sie gaben die Losung aus, die Heimat unter keinen Umständen zu verlassen.

»Geher« und »Dableiber«

In Südtirol bildeten sich in den kommenden Wochen und Monaten des Jahres 1939 zwei Gruppierungen: die »Geher« oder »Optanten« und die »Dableiber«. Die Entscheidung, vor der die Menschen damals in unserem Land standen, war dramatisch: Sollten sie nun auswandern, über den Brenner ziehen und irgendwo im Deutschen Reich auf eine neue Heimat hoffen, in der sie ihre deutsche Sprache und Kultur frei bekennen und äußern können, oder war die neue Heimat, die ihnen Hitler versprochen hatte, nur ein Luftschloss?

Ein Südtiroler, der diese Zeit selber erlebt hatte, schreibt in seinen Erinnerungen: *Den meisten Südtirolern, besonders aber den Bauern auf den Bergen fiel der Entschluß ungeheuer schwer. Die Menschen überlegten hin und her. Sie drehten und wandten sich, sie drückten sich vor der Entscheidung, solange sie nur konnten. Und schlaflos wälzten sie sich in den langen Winternächten in ihren kalten Kammern.* Und die Besitzerin einer Apotheke in Sterzing erzählte, dass sie nicht mehr genug Schlaftabletten herschaffen

Sorgenvoller Blick in die Zukunft: Die »Option« war für viele Südtiroler eine schreckliche Zeit.

habe können. *Wenn Bauern einmal ohne Pillen nicht mehr schlafen können, dann weiß man, wie groß die Seelennot der Leute geworden ist, wieviel es geschlagen hat,* sagte sie.

Unbeschreibliche Seelennot

Die Seelennot der Menschen war damals unbeschreiblich groß. Sollten sie den Hof, das Dorf, die Stadt verlassen, wo sie seit vielen Generationen lebten, oder sollten sie bleiben? In Südtirol herrschte der Faschismus, der die Menschen fast zwanzig Jahre lang schon verfolgt und gepeinigt hatte. Es gab keine deutschen Schulen mehr, wer deutschen Privatunterricht erteilte, konnte ins Gefängnis kommen oder gar nach Süditalien verbannt werden; in den Ämtern durfte nicht mehr deutsch gesprochen werden. Und im Deutschen Reich wurde ihnen zwar das

Unmittelbar nach dem Optionstermin (31. Dezember 1939) setzte sich die Umsiedlungswelle in Bewegung. Ein Zug nach dem anderen rollte über den Brenner. Im Jahr 1940 verließen rund 50.000 Südtiroler ihre Heimat.

Blaue vom Himmel versprochen, aber konkret wussten die Menschen nicht einmal, wohin sie kommen sollten. Ungewiss war auch, was mit ihrem Hab und Gut geschehen würde. Wie würden sie dafür entschädigt werden, was konnten sie mitnehmen. Auf diese Fragen gab es keine eindeutigen Antworten.

Bis zum 31. Dezember 1939 mussten sie eine Entscheidung treffen, mussten sie erklären, ob sie auswandern oder dableiben wollten. Dieser Termin wurde amtlich festgelegt. Die Entscheidung nannte man »Option«. Je näher dieser Termin rückte, umso dramatischer wurde die Lage in Südtirol. Der VKS warb mit seinen Anhängern für die »Option«. Versammlungen wurden abgehalten, Flugzettel verteilt, ein regelrechter Propagandafeldzug wurde entfesselt. Der VKS wollte, dass alle Südtiroler geschlossen für die »Option« stimmen würden. *Heim ins Reich* nannte man das. Der Deutsche Verband dagegen warb fürs Dableiben.

Abschied von der Heimat: eine Umsiedlerfamilie beim Aufladen ihrer Habseligkeiten

Die Heimat dürfe nicht aufgegeben werden, sagten Michael Gamper und seine Freunde. Man müsse auf einen Sturz Hitlers in Deutschland und Mussolinis in Italien hoffen, erklärten sie. Dann werde auch in Südtirol alles anders werden, dann werde es eine neue Zukunft für die deutsche Bevölkerung in der Heimat geben. Die Anhänger des Deutschen Verbandes taten sich nicht leicht, die Menschen von ihrem Standpunkt zu überzeugen. Auf seiner Seite standen große Teile des Klerus, während der Brixner Fürstbischof Johannes Geisler für die »Option« stimmte.

Beide Gruppen – »Dableiber« und »Geher« – rangen mit großer Leidenschaft um ihren Standpunkt. Die Meinungsunterschiede gingen

quer durch die Familien, Geschwister entzweiten sich, Freundschaften
gingen in Bruch, Familienbande zerrissen. Die Bevölkerung des Landes
war in zwei Lager gespalten. *Es war eine schreckliche Zeit.* Die Menschen
standen unter einem unerträglichen Druck. Als am 31. Dezember 1939
der Termin für die »Option« abgelaufen war, hatten sich 86 Prozent
der wahlberechtigten Südtiroler für die Auswanderung ins Deutsche

Viele Südtiroler standen nach der Unterzeichnung des Berliner »Schandvertrages« vor einem
schrecklichen Dilemma. Wer nicht fürs Deutsche Reich optieren wollte, musste damit rechnen,
in südliche Provinzen abgeschoben zu werden.

Reich ausgesprochen. Wahlberechtigt waren alle, die volljährig waren. Familienväter wählten für ihre Familie. Die Ehefrauen hatten kein Stimmrecht. 86 Prozent – das waren damals 210.000 Menschen. Sie sollten bis zum 31. Dezember 1943 das Land verlassen.

In den ersten Monaten des Jahres 1940 rollten täglich Züge mit Umsiedlern über den Brenner. Später kam die Umsiedlung jedoch ins Stocken. Viele, die für die »Option« gestimmt hatten, verlegten sich aufs Abwarten, weil die Meldungen aus dem Deutschen Reich alles andere als hoffnungsvoll waren. Tatsächlich ausgewandert sind dann etwa 75.000, die meisten nach Nordtirol und Vorarlberg, viele auch in die anderen österreichischen Bundesländer und nach Bayern. Manche kamen sogar bis nach Luxemburg und in die von Hitler eroberte Tschechoslowakei. Rund 20.000 Auswanderer kehrten nach dem Zweiten Weltkrieg wieder nach Südtirol zurück. Etwa 60.000 blieben in Österreich oder in Deutschland.

Der 8. September des Jahres 1943

Ein Waffenstillstand und die Folgen

Über Rom, der Ewigen Stadt, liegt eine drückende Hitze. Wie sengende Pfeile brennen die Strahlen der Sonne. Es ist, als ob dieser Nachmittag nicht vergehen würde, als ob er ewig dauerte. Die Straßen sind wie leer gefegt. Rom scheint den Atem anzuhalten an diesem 25. Juli des Jahres 1943.

Die Nachrichten, die von außen in die Hauptstadt dringen, verkünden nichts Gutes. Der Krieg rückt von Woche zu Woche näher an die italienische Haustür. Italienische Soldaten kämpfen in Nordafrika und in Griechenland ohne Glück. Auf Sizilien sind amerikanische Truppen gelandet. Das Vaterland ist den Feinden fast schutzlos ausgeliefert.

Ein deutscher Tigerpanzer in Bozen-Rentsch

Mussolini wird gestürzt

In weiten Teilen der Bevölkerung wachsen Unruhe und Sorge. Angst macht sich breit. Die kritischen Stimmen gegenüber Benito Mussolini mehren sich. Seit fast genau 21 Jahren ist Mussolini der Führer des faschistischen Italien. Seit drei Jahren kämpfen italienische Truppen Seite an Seite mit den Truppen von Adolf Hitler. Wie eine uneinnehmbare Festung schien viele Jahre hindurch Mussolinis Herrschaft. Aber seit einigen Monaten wackelt der Thron ganz gewaltig. Im Gebäude der faschistischen Herrschaft haben sich große Risse aufgetan. Enge politische Freunde von früher gehen jetzt offen auf Distanz zum Regierungschef. Sie wollen ihn nicht mehr als ihren Duce anerkennen. Sie planen eine Verschwörung gegen Mussolini. Sie wollen seinen Sturz.

Die Entscheidung liegt beim italienischen König. Viktor Emanuel registriert seit Monaten mit feinnerviger Sensibilität die wachsende Unzufriedenheit in der Bevölkerung. Die unzähligen Klagebriefe aus allen Schichten der Bevölkerung, die bei ihm eintreffen, nimmt er sehr ernst. In einem lange geheim gehaltenen Brief an einen engen Mitarbeiter erklärt er: *Ich bin fest entschlossen, Mussolini das Oberkommando über das Heer zu Lande, auf dem Meer und in der Luft zu entziehen, das heißt im Klartext, ihn abzusetzen. Er besitzt mein Vertrauen nicht mehr. Allerdings muß ich mit größter Behutsamkeit vorgehen. Höchste Geheimhaltung ist notwendig.*

Die Würfel fallen in einer Sitzung des Faschistischen Großrates am 24. Juli. Dieses Gremium ist jahrelang nicht mehr einberufen worden. Jetzt ist es zusammengekommen, um Mussolinis Ablösung vom Kommando des Heeres, der Marine und der Luftwaffe zu beschließen. Die Entscheidung fällt mit großer Mehrheit. Aber der Duce scheint sich der Tragweite dieser Entscheidung nicht bewusst zu sein. Am kommenden Morgen, dem 25. Juli, geht er wie gewohnt seinen Amtsgeschäften nach. Für den Nachmittag hat er den König um eine Audienz gebeten. Die wird ihm gewährt.

König Viktor Emanuel ist noch in der Nacht von der Entscheidung des Faschistischen Großrates informiert worden. Sie passt in sein Konzept. Jetzt kann er den entscheidenden Schritt zur Absetzung des Duce tun. Der König empfängt Mussolini mit kühler Höflichkeit. Ohne

9. September 1943: Ein deutscher Tigerpanzer vor dem Gebäude des 4. Armeekorps am heutigen 4.-November-Platz in Bozen. General Gloria hat nach dem ersten Schuss auf die Außenfassade »die Flinte ins Korn geworfen« und die weiße Flagge gehisst.

Italienische Soldaten wurden nach dem 8. September 1943 mehrere Tage in den Bozner Talferwiesen und im Fußballstadion »gefangen gehalten«, ehe sie abtransportiert wurden.

Umschweife eröffnet er ihm, dass er sich entschlossen habe, ihn zu entlassen. Als Nachfolger sei bereits Pietro Badoglio ernannt worden. Mussolini kommt aus dem Staunen gar nicht recht heraus, dann trifft ihn bereits der zweite Schlag. Vor der Villa des Königs wird er festgenommen und in eine Carabinierikaserne gebracht. Wenig später wird der Duce auf den Gran Sasso, den höchsten Berg der Apenninen, transportiert und in einem Hotel auf 2100 Meter Höhe gefangen gehalten.

»La guerra continua«

In den späten Abendstunden des 25. Juli erfährt die Bevölkerung Italiens durch den Rundfunk die aufsehenerregende Botschaft. Der König meldet sich persönlich zu Wort. Er teilt mit: Marschall Badoglio übernimmt die Regierungsgeschäfte, seine Majestät der König führt das Kommando über alle bewaffneten Streitkräfte. Außenpolitisch gibt es jedoch keine

Veränderungen. Italien bleibt seinen Bündnisverpflichtungen gegenüber Hitler treu. »La guerra continua« – der Krieg geht weiter, lässt Badoglio mit großer Lautstärke verkünden.

Die Botschaft, dass der Krieg weitergehe, ist vor allem an die Adresse von Adolf Hitler gerichtet. Denn Mussolini ist der wichtigste Verbündete von Hitler. Zwischen den beiden Diktatoren wurde im Jahr 1939 der Stahlpakt geschlossen. Hitler baut auf die Unterstützung Italiens. Mit dem Duce wollte er Amerikaner, Engländer und Russen in die Knie zwingen. Würde Italien noch bei der Stange bleiben, wenn Mussolini gestürzt ist, oder würde Badoglio geheime Kontakte mit den Amerikanern aufnehmen, um im Alleingang einen Waffenstillstand zu schließen? Über diese Fragen zerbrechen sich Hitler und seine Gesinnungsgenossen in Berlin die Köpfe.

Hitler glaubt dem italienischen Marschall nicht. Die Beteuerung Badoglios, dass der Krieg weitergehe, hält der Führer für ein plumpes Ablenkungsmanöver. In Berlin sagt man sich: Warum soll der Duce gestürzt werden, wenn man gewillt ist, weiter gegen die bereits in Sizilien

Italienische Soldaten und Offiziere auf dem Weg zum Bozner Bahnhof

gelandeten Amerikaner zu kämpfen? Hitler wörtlich: *Die erklären, sie kämpfen, aber das ist Verrat!*

Hitler reagiert

Hitler reagiert sofort auf Mussolinis Sturz. Drei Aktionen gelten ihm nun als vordringlich: die Sicherung der Alpenübergänge – vor allem des Brenners, die Festnahme der Regierung in Rom und die Überführung des Duce nach Deutschland. Die deutsche Heeresleitung hat bereits im Mai 1943 genaue Pläne entwickelt für den Fall, dass das faschistische Italien aus dem Bündnis mit Hitler ausscheren wolle. Diese Pläne sind streng geheim und laufen unter dem Losungswort *Alarich und Konstantin*. Mit dem Sturz Mussolinis und seiner Gefangennahme wird das Signal für *Alarich und Konstantin* gegeben. Deutsche Truppen rüsten innerhalb weniger Tage zum Einmarsch in Italien, wo sie all jene militärischen Aufgaben übernehmen wollen, die zuvor die Italiener innehatten.

Spannung spitzt sich dramatisch zu

Die Aktion zur Sicherung des Brenners beginnt am 27. Juli. Das Unternehmen wird vom deutschen General Valentin Feurstein geleitet, der in Innsbruck seinen Dienstsitz hat. Vom Gauleiter für Tirol und Vorarlberg fordert er zwanzig Postomnibusse für den Truppentransport, die sofort zur Verfügung gestellt werden. Andere deutsche Truppen halten sich in Bereitschaft, um nachzurücken. Auch italienische Alpinidivisionen werden nach Südtirol verlegt. Die Spannung im Lande spitzt sich dramatisch zu. In Innsbruck hat Gauleiter Franz Hofer bereits öffentlich die Wiedervereinigung Tirols gefordert.

Stichtag für den Einmarsch der Deutschen am Brenner ist der 30. Juli. Um 20.10 Uhr überschreitet eine Marschgruppe der 26. Panzerdivision die Grenze. Es wird kein Widerstand geleistet. Zu Zwischenfällen mit den Italienern kommt es nicht. In den kommenden Tagen rückt deutsche Verstärkung nach. Im Auge behalten die deutschen Einheiten auf der Linie Brenner–Brixen–Klausen vor allem Straßen- und Eisenbahnbrücken

In das Bozner Rathaus zog nach dem 8. September 1943 wieder ein Südtiroler als Bürgermeister ein – im Bild ein deutsches Polizeiauto vor dem Hauptportal des Rathauses.

sowie Wasserkraftanlagen. Auch weiter in den Süden entsenden die Deutschen starke militärische Kräfte. Fast pausenlos rollen deutsche Militärkolonnen über die Alpenpässe.

Geteilte Stimmung

In Südtirol herrscht in diesen Tagen Hochstimmung. Die deutschen Heereseinheiten werden mit stürmischem Jubel begrüßt und mit Blumen und Obst geradezu überschüttet. Viele glauben, dass jetzt der Tag der Heimkehr ins Reich und der Wiedervereinigung Tirols nicht mehr weit sein könne. Aber nicht alle Südtiroler stimmen in den Jubel ein. Jene, die bei der »Option« im Jahr 1939 gegen die Auswanderung gestimmt haben, sind weniger erfreut. Sie ahnen nichts Gutes. Sie fürchten die Rache der

Nationalsozialisten. Führende »Dableiber« erhalten die wohlmeinende Warnung, sich rechtzeitig in Sicherheit zu bringen. Die ADO, die 1939 gegründete »Arbeitsgemeinschaft der Optanten«, stellt im Geheimen eine Selbstschutzorganisation auf, die den Charakter einer lokalen Polizeitruppe hat. Mit ihrem in der deutschen Bevölkerung weitverzweigten Nachrichtennetz kann sie dem Kommando der Deutschen Wehrmacht gute Dienste leisten.

Auch viele Italiener in Südtirol sind besorgt. Vor allem in Bozen beginnen viele von ihnen die Koffer zu packen, um in südlichere Regionen zu ziehen. Sie sind von dort in den 1920er und 1930er Jahren nach Bozen zugezogen. Jetzt befürchten sie Repressalien und Übergriffe der Deutschen und wollen Südtirol wieder verlassen.

Die große Wende

Die große Wende kommt Anfang September. General Badoglio lässt offiziell verkünden, dass Italien weiterhin als treuer Bündnispartner zu

9. September 1943: Die einmarschierenden deutschen Truppen wurden auch in Bozen von jubelnden Menschen begrüßt.

Deutschland stehe, insgeheim verhandelt der General jedoch schon seit Tagen mit den Alliierten über einen Waffenstillstand. Am 8. September lässt Badoglio die Maske fallen. Im Abstand von fünf Minuten meldet der Rundfunk immer wieder: Italien hat mit den Alliierten Waffenstillstand geschlossen. Die bedingungslose Kapitulation Italiens ist bereits am 3. September von General Castellano im Auftrag des Königs in einer kleinen Ortschaft Siziliens unterzeichnet worden. Hitler hat jetzt also die Quittung für sein Bündnis mit dem faschistischen Italien erhalten. Auf dem Altar dieses Bündnisses ist 1939 in einem Umsiedlungsvertrag auch Südtirol geopfert worden.

Die Deutsche Wehrmacht ist auf den Schwenk Italiens vorbereitet. In einem geradezu atemberaubenden Tempo werden die italienischen Truppen überwältigt und entwaffnet. Nirgendwo wird nennenswerter Widerstand geleistet. Die deutschen Truppen besetzen weite Teile der Halbinsel bis hinunter nach Kalabrien. In der Umgebung von Rom stehen sieben italienische Divisionen zwei deutschen gegenüber, aber die Italiener versuchen gar nicht, die Hauptstadt zu verteidigen.

Der italienische König Viktor Emanuel will retten, was noch zu retten ist. Er denkt dabei vor allem an sich und an seine Familie. Im römischen Quirinal werden in höchster Eile die Koffer gepackt. Fluchtartig verlässt der König mit Regierungsmitgliedern und hohen Militärs die Hauptstadt. Über den Apennin, Pescara und die adriatische Küste gelangen die Herrschaften nach Brindisi in Apulien, wo sie sich in Sicherheit wähnen. Diese Stadt steht bereits unter der Kontrolle der Amerikaner.

Wie sich nach dem Krieg herausstellte, wäre es für die Deutschen ein Leichtes gewesen, den König mit seiner Hofkamarilla gefangen zu nehmen. Aber man habe Viktor Emanuel fliehen lassen, weil man ihn nicht zu einem nationalen Märtyrer machen wollte. So bedeckte er sich durch seine Flucht selbst mit Schimpf und Schande.

»An die treuen Kameraden«

Am 12. September 1943 starten die Deutschen in Italien einen großen Coup. In einem tollkühnen Handstreich gelingt es einer Eliteeinheit, Mussolini trotz strengster Bewachung aus dem Hotel auf dem Gran

Sasso zu befreien. Der Duce wird zuerst mit einem Flugzeug nach Wien und dann über München zu Hitler ins ostpreußische Hauptquartier geflogen. Dort beraten die beiden Diktatoren über die Neugründung der Faschistischen Partei und die Wiedererrichtung der faschistischen Herrschaft in Italien. Am 15. September wendet sich Mussolini über Radio München in einer Rede an die *treuen Kameraden ganz Italiens.* Der Duce erklärt wörtlich: *Von heute an übernehme ich wieder die höchste Leitung des Faschismus in Italien. Die Monarchie, die ihren Pflichten nicht nachgekommen ist, hat ihre Lebensberechtigung verloren. Der neue Staat soll national und sozial sein. Das neue Italien wird seinen Kampf an der Seite der Verbündeten wiederaufnehmen und alle Verräter ausmerzen. Der Faschismus wird Italien seinen Platz in der Welt wiedergeben. Es lebe Italien.*

»Repubblica di Salò«

Der Sitz der neuen faschistischen Regierung sollte auf Wunsch der Deutschen eine Kleinstadt in Oberitalien sein. Zuerst wird Belluno in Betracht gezogen, dann einigt man sich schließlich auf Salò am südlichen Ende des Gardasees. Anfang Oktober kehrt der Duce nach Italien zurück, bezieht in Salò sein Hauptquartier und ruft offiziell die »Italienische Soziale Republik« aus. Von hier aus versucht er, rasch einige militärische Einheiten auf die Beine zu stellen, die gegen Amerikaner und Engländer und gegen italienische Guerillas kämpfen sollten.

Für Italien bedeuten das Überleben von Mussolini und sein Zusammenspiel mit Hitler ein großes Glück. Ansonsten hätte der Führer aus dem Lande, das alle seine Träume zerstört hat, wohl ein »Land der verbrannten Erde« gemacht.

Der 8. September in Südtirol

In Südtirol markiert der 8. September 1943 auch eine große Wende. Bereits um 20.30 Uhr beginnen am Brenner die ersten Kampfhandlungen zwischen Deutschen und Italienern. Der Befehl der Deutschen lautet: Brennerbad in Besitz nehmen, Italiener entwaffnen, bis nach Bozen

2. September 1943: Bomben über Bozen: Beim ersten Fliegerangriff schlugen die Bomben nahe der Eisackbrücke und dem Zugbahnhof ein.

durchstoßen und die Achse Brenner–Brixen–Bozen unter Kontrolle halten.

Ähnliche Befehle werden auch für das Pustertal und für den Vinschgau ausgegeben. Die italienischen Soldaten leisten keinen nennenswerten Widerstand. Um 23.30 Uhr werden Gossensaß und Sterzing von den Italienern bedingungslos den Deutschen übergeben. Die Deutschen marschieren weiter gegen Brixen und Klausen. Um 3 Uhr früh des 9. September beginnt die Besetzung von Bozen. In der Landeshauptstadt werden die italienischen Truppen von einem General namens Gloria befehligt, der jedoch seinem Namen wenig Ehre macht. Er residiert im Gebäude des 4. Armeekorps am heutigen 4.-November-Platz und wartet auf Anweisungen aus Rom. Die treffen jedoch nicht ein. Also muss Gloria selber Entscheidungen treffen. Als gegen 2 Uhr früh ein deutscher Tigerpanzer über die Talferbrücke rollt und einen Schuss auf die Vorderseite des Gebäudes abfeuert, zieht der General die weiße Fahne hoch. Der Kommandant mit all seinen Offizieren ergibt sich ohne Gegenwehr.

Am 13. Mai 1944 wurde die Bozner Pfarrkirche von Bomben schwer getroffen.

Um drei Uhr früh ist der Bahnhof in deutscher Hand, und wenig später sind auch die Kasernen besetzt. Nur am Flugplatz wird noch für kurze Zeit weitergekämpft. Dann bricht auch dort der Widerstand zusammen. Tausende von italienischen Soldaten werden auf den Talferwiesen zusammengetrieben. Sie bleiben dort für einige Tage, bis sie abtransportiert werden.

»Operationszone Alpenvorland«

In Südtirol gehen die Uhren nach der Besetzung durch die Deutsche Wehrmacht anders. Hitler erlässt am 10. September eine Verordnung, mit der die drei Provinzen Bozen, Trient und Belluno zur »Operationszone Alpenvorland« zusammengelegt werden. Zum obersten Kommissar wird der Nordtiroler Gauleiter Franz Hofer ernannt. Das Gebiet bleibt staatsrechtlich zwar bei Italien, in der Praxis jedoch haben die Vertreter des Dritten Reiches das ausschließliche Sagen.

In das Bozner Rathaus zieht als erster Bürger der Stadt wieder ein Südtiroler ein. Auch in den anderen Gemeinden des Landes kehren Südtiroler wieder in die Rathäuser zurück. Auch deutsche Aufschriften, die zwanzig Jahre lang verboten waren, sind wieder erlaubt, und in den öffentlichen Ämtern darf wieder deutsch geredet werden. Bolzano darf offiziell wieder Bozen heißen, und die Kurstadt an der Passer auch wieder Meran. Auch der Walther-von-der-Vogelweide-Platz in Bozen, der von den Faschisten in Piazza Vittorio Emanuele umgetauft worden war, erhält seinen alten Namen zurück. Mit viel Einsatz wird die deutsche Schule, die ebenfalls zwanzig Jahre lang verboten war, wiederaufgebaut. Und deutsche Zeitungen können jetzt in Südtirol auch wieder erscheinen und gekauft werden, ebenso wie im Rundfunk ein deutsches Programm ausgestrahlt wird. Die »Dolomiten« werden allerdings von einem Tag auf den anderen verboten, und die Verlagsanstalt Athesia wird enteignet. Anstelle der »Dolomiten« erscheint die »Landeszeitung«, die nach wenigen Tagen in »Bozner Tagblatt« umbenannt wird.

Schwere Zeiten für die »Dableiber«

Schwere Zeiten beginnen in diesen Spätsommertagen des Jahres 1943 für jene Südtiroler, die 1939 nicht für das Deutsche Reich optiert haben. Es sind dies die sogenannten »Dableiber«. Sie haben damals die Parole ausgegeben, die Heimat unter keinen Umständen aufzugeben und haben sich deswegen den Zorn der Nationalsozialisten zugezogen. Dutzende und Aberdutzende werden verhaftet und in Kerker geworfen oder in Konzentrationslager des Dritten Reiches gebracht.

Zu einem Symbol des Widerstandes gegen die Nationalsozialisten ist **Josef Mayr-Nusser** aus Bozen geworden, der Diözesanführer der Katholischen Jugend gewesen ist. Er wird zum Kriegsdienst nach Westpreußen einberufen, verweigert aber die Eidesleistung für die Waffen-SS. Darauf sollte er in ein Konzentrationslager gebracht werden, stirbt jedoch auf dem Transport dorthin.

Insgesamt werden damals weit über hundert Südtiroler in Lager oder in Gefängnisse eingeliefert. Zweiundzwanzig Südtiroler sind von den Schergen Hitlers hingerichtet worden, die Italiener dagegen, welche die Südtiroler zwanzig Jahre lang gequält haben, werden von den Nationalsozialisten nicht belästigt.

Das wohl prominenteste Opfer der nationalsozialistischen Verfolgung ist der Priester und spätere Kanonikus Michael Gamper. Er wird von den Nationalsozialisten in Südtirol zum Volksfeind Nummer eins erklärt, weil er 1939 ein erbitterter Gegner der Auswanderung war (siehe dazu das Kapitel auf Seite 61).

Gamper hat im Sommer 1943 Bozen verlassen und sich in das Pfarrhaus von Wangen am Ritten zurückgezogen. Dort bespricht er mit einem kleinen Kreis von Vertrauensleuten immer wieder die Lage in Südtirol. Gamper entwickelt Pläne für die Zeit nach dem Sturz des Faschismus und des Nationalsozialismus. Mit seinem feinen politischen Spürsinn sieht er voraus, dass die Herrschaft dieser Wahnsinnigen, wie er Hitler und Mussolini nennt, nicht lange dauern kann.

Indes verdüstert sich der Himmel über Südtirol immer mehr. In Bozen, das bisher vom Krieg direkt wenig zu spüren bekommen hat, fallen Anfang September die ersten Bomben. Ausgewählte Ziele sind vor allem die Gegend um den Bahnhof, die Pfarrkirche und die Loretobrücke. In den kommenden Monaten wird Bozen wie andere Ortschaften in Südtirol immer häufiger von Luftangriffen heimgesucht. Verwüstung und Zerstörung prägen das Bild. Auch viele Menschen kommen zu Schaden, werden verletzt oder getötet.

Je länger der Krieg dauert, desto rücksichtsloser herrschen die nationalsozialistischen Machthaber in Südtirol. Viele Südtiroler werden zum Kriegsdienst oder zu Polizeiformationen eingezogen, die auch an der Front eingesetzt werden. Die Einberufung trifft auch jene Männer, die 1939 nicht fürs Deutsche Reich optieren und somit italienische Staatsbürger sind. Jugendliche und alte Männer werden wie Frauen zum militärischen Arbeitsdienst verpflichtet.

Wer sich weigert, setzt sein Leben aufs Spiel. Der Oberste Kommissar in Südtirol, **Franz Hofer,** führt die Sippenhaft ein: Sämtliche Familienmitglieder eines Befehlsverweigerers werden festgenommen und in Gefängnisse oder Arbeitslager gesteckt.

Widerstand gegen Nationalsozialisten

In Südtirol macht sich zunehmend Widerstand gegen das Gewaltregime der Nationalsozialisten bemerkbar. Getragen wird die Opposition maßgeblich von einer Bewegung, die sich Andreas-Hofer-Bund nennt und im Jahr 1939 gegründet wurde. Die Kerngruppe dieser antinazistischen Bewegung setzt sich aus einem Dutzend Nichtoptanten zusammen. Michael Gamper gehört dazu, der Bozner Kaufmann Erich Amonn und verschiedene andere.

Der Andreas-Hofer-Bund muss mit äußerster Vorsicht zu Werke gehen, um nicht in den Würgegriff der Nationalsozialisten zu geraten. Er begünstigt die Fahnenflucht von Kriegsdienstverweigerern, stellt Kontakte zu österreichischen, französischen und italienischen Widerstandsgruppen her und hat auch einen Draht zu den Amerikanern. Ziel der Gruppe ist es, nach dem nunmehr unschwer vorauszuahnenden Untergang des Tausendjährigen Reiches von Hitler die Wiedervereinigung Tirols zu erreichen.

Hitlers Reich fällt im Mai 1945 in Schutt und Asche. Mussolini ist schon zuvor auf der versuchten Flucht in die Schweiz getötet worden. Mit dem Ende des Weltkrieges beginnt auch in Südtirol eine neue Ära. Das neue politische Haus in Südtirol bauen vornehmlich jene Männer und Frauen, die den Nationalsozialisten die Stirn geboten haben. Dabei ist die Rolle von Michael Gamper von historischer Bedeutung. Er hat unmittelbar nach Kriegsende Brücken zu seinen ehemaligen Peinigern geschlagen und versucht, die Wogen zwischen »Dableibern« und »Optanten« zu glätten. Er wusste, dass ohne die Kriegsgeneration – also ohne »Optanten« – ein Neuanfang in Südtirol nicht möglich war.

Der Pariser Vertrag,
die »Magna Charta« für die Südtiroler

Es war am 5. September des Jahres 1946. In Paris trafen an jenem Donnerstag zwei hohe Politiker zusammen: der österreichische Außenminister Karl Gruber und der italienische Außenminister Alcide Degasperi. Auf dem Verhandlungstisch lag der Entwurf eines Vertrages, der für Südtirols Zukunft von grundlegender Bedeutung ist. An dem in englischer Sprache verfassten Text haben Diplomaten beider Staaten wochenlang herumgefeilt. Es waren zwei maschinengeschriebene Seiten, die zur Unterschrift bereitlagen. Als **Karl Gruber** und **Alcide Degasperi** das Gruber-Degasperi-Abkommen unterschrieben hatten, schlug für Südtirol eine historische Stunde.

Eine lange Vorgeschichte

Die Vorgeschichte des Pariser Vertrages reicht zurück bis ins Jahr 1919. Auch damals stand Paris – genauso wie 1946 – im Mittelpunkt der Weltöffentlichkeit. In den Vororten der französischen Hauptstadt tagten die Siegermächte des Ersten Weltkrieges. Sie hielten Rat über die Zukunft Europas. Einer dieser Vororte heißt Saint-Germain. Da schlug auch eine historische Stunde für Südtirol. Die Großmächte entschieden, dass am Brenner eine Staatsgrenze gezogen wird. Tirol wurde damit zerrissen: Der Norden des Landes blieb bei Österreich, der Süden kam zu Italien.

In Südtirol lebten damals kaum mehr als eine Handvoll Italiener, rund 95 Prozent der Bevölkerung waren deutsch. Viele Menschen konnten nicht begreifen, dass ein fast rein deutsches Land dem Staate Italien einverleibt wurde. Sie waren damit nicht einverstanden, aber sie mussten sich in das Unvermeidliche fügen. Das Recht auf Volksabstimmung

wurde ihnen nicht eingeräumt. Italien wurde 1919 nicht einmal verpflichtet, den Südtirolern eine Autonomie, eine Selbstverwaltung, zu
gewähren. Die Siegermächte hatten großes Vertrauen zum Staat Italien,
und italienische Politiker wurden nicht müde, öffentlich zu erklären,
dass Sprache, Schule und Kultur der Südtiroler auch in Zukunft res-
pektiert würden.

Aber diese Versprechen zerplatzten wie Seifenblasen, als in Rom
Mussolini mit den Faschisten an die Macht kam. Sein Ziel war es, die
Südtiroler zu italianisieren. Das Programm, das vornehmlich von Ettore
Tolomei entwickelt wurde, umfasste alle Bereiche des öffentlichen Lebens: Die Schule, die Gemeinden, die Wirtschaft, die Flur- und Ortsnamen – der Name Tirol durfte nicht mehr verwendet werden – und
sogar die deutschen Familiennamen sollten italianisiert werden.

Das war in den 1920er und 1930er Jahren. Im Jahr 1939 schlossen
die Faschisten Mussolinis mit den Nationalsozialisten von Adolf Hitler
einen Vertrag über die Umsiedlung der Südtiroler ins Deutsche Reich.
Wer deutsch bleiben wollte, sollte die Heimat verlassen und aussiedeln.
Und wer in Südtirol blieb, hatte nach damaligen Erkenntnissen keine
reale Chance mehr, seine deutsche Sprache und Kultur zu erhalten. Die
Faschisten hofften damit, das »Südtirol-Problem« endgültig zu ihren
Gunsten zu »lösen« – das heißt, das Land ein für alle Mal zu italianisieren.

Aber Mussolini, der Duce der Faschisten, wurde im Jahr 1943 gestürzt und später getötet, und das Reich von Adolf Hitler lag am Ende
des Zweiten Weltkrieges in Schutt und Asche. Europa, das unter den
Bomben des Krieges am meisten zu leiden hatte, musste aus den Ruinen
neu erstehen. Die Vereinigten Staaten von Amerika, die Sowjetunion,
England und Frankreich waren die Großmächte, die den Krieg gewonnen hatten. Deutschland in erster Linie und Österreich, das im Jahr
1938 von Hitler besetzt worden war, standen in Europa als die großen
Verlierer da. Italien hatte zwar auch die Last des Bündnisses mit Hitler
zu tragen, war jedoch bereits zwei Jahre vor Kriegsende aus der unhei-
ligen Allianz ausgebrochen.

Am Ende des Krieges war Italien damit in einer weitaus günstigeren
Position als beispielsweise Österreich. Italien war ein souveräner Staat,
während Österreich am Ende des Weltkrieges in vier Besatzungszonen
aufgeteilt wurde: in eine amerikanische, eine englische, eine französische

Am 5. September 1946 unterzeichneten in Paris der italienische Ministerpräsident Alcide Degasperi und der österreichische Außenminister Karl Gruber ein Abkommen, das eine Autonomie für Südtirol vorsah.

und in eine russische. Die Regierung in Wien war bei ihren Entscheidungen weitgehend von den Behörden der Besatzungsmächte abhängig. Das hatte auch schwerwiegende Auswirkungen auf Südtirol.

»Das Gebet jedes Österreichers«

Die Südtiroler wollten am Ende des Zweiten Weltkrieges wieder nach Österreich zurück, sie hofften, dass das Unrecht wiedergutgemacht würde, das ihnen 1919 angetan worden war. Damals hatten ihnen die Siegermächte das Selbstbestimmungsrecht verweigert. Würden sie es

Dolomiten

Tagblatt der Südtiroler

| Nr. 1 | E. E. P | Samstag, 19. Mai 1945 | 1 Lira | 22. Jahrgang |

Zum Geleite

Dr. A. M. — Es ist ein seltsames Wunder der Natur, wenn an manchen Kammesabenden die Gebirgskette des Rosengartens so zu durchschauert rot aufleuchtet, als Wunder, das in aller Welt bekannt ist und bestaunt wird. Es ist so seltsam, als wollte hier die Natur einen Vergleich ziehen zur Geschichte dieses Landes, das seit fast zwei Jahrtausenden immer wieder in den Brennstich der Ereignisse von hochpolitischer Bedeutung gekommen ist. [...]

Aufruf der Südtiroler Volkspartei

Südtiroler!

Das unvermeidliche, an Furchtbarkeit alle Vorstellungen und Ausmaße übersteigende Ende des Nationalsozialistischen Regimes ist eingetreten. Ströme vergossenen Blutes, blühende Städte und Dörfer in Schutt und Asche zeigt, Hunger und Elend, unsägliches Leid und der Abschwu der zahllosen Welt vor der wahrhaft teuflischen Methoden der Verzweiflung und Ausrottung unzähliger unschuldiger Menschen durch die Gestapo sind das traurige Erbe des Dritten Reiches, das wir [...]

[...]

Programm:

1. Nach 25jähriger Unterdrückung durch den Faschismus und Nationalsozialismus den kulturellen, sprachlichen und wirtschaftlichen Rechten der Südtiroler auf Grund demokratischer Grundsätze Geltung zu verschaffen.

2. Zur Ruhe und Ordnung im Lande beizutragen.

3. Solange Vertreter zu ermöglichen — unter Ausschluß aller illegalen Methoden — den Anspruch des Südtiroler Volkes auf Ausübung des Selbstbestimmungsrechtes hier zu vertreten.

[...]

Bozen, am 12. Mai 1945.

Erich Amonn
Obmann der Südtiroler Volkspartei

Schillingwährung in Oesterreich

[...]

Die Lage in Kärnten

[...]

Zu den zentralen Punkten der unmittelbar nach Kriegsende gegründeten Südtiroler Volkspartei gehörte die Forderung des Selbstbestimmungsrechtes für die Südtiroler.

diesmal gewähren? Schon wenige Monate nach Kriegsende sandte der damalige Nordtiroler Landeshauptmann und spätere österreichische Außenminister Karl Gruber an die Staatsmänner der Siegermächte ein Telegramm, in dem er um die Rückgliederung Südtirols an Österreich ersuchte. Auch die österreichische Staatsregierung in Wien formulierte ein ähnliches Ansuchen. Anfang September 1945 demonstrierten in den Straßen von Innsbruck 100.000 Menschen, sie verlangten das Selbstbestimmungsrecht für Südtirol. Und der erste österreichische Bundeskanzler nach dem Krieg, Leopold Figl, sagte im Wiener Parlament wörtlich: *Die Rückkehr Südtirols zu Österreich ist das Gebet jedes Österreichers.*

In Südtirol selbst wurden die Anliegen der Menschen vor allem von der Südtiroler Volkspartei wahrgenommen. Die am 8. Mai 1945, also einen Tag nach Kriegsende in Bozen gegründete SVP formulierte als Hauptziel die Rückkehr Südtirols zu Österreich. Um dieser Forderung Nachdruck zu verleihen, versammelten sich am 5. Mai 1946 rund 20.000 Männer und Frauen im Burghof von Schloss Sigmundskron. Viele trugen Plakate mit, auf denen der Wunsch nach Rückkehr zu Österreich geschrieben stand. *Nicht Haß, sondern Volkswille!* war auf einem Plakat zu lesen. Und auf einem anderen: *Wir bitten die Siegermächte: Schenkt uns unsere Heimat!*

Mittlerweile hatten die Außenminister der Siegermächte in Paris begonnen, Rat zu halten über die neue Lage in Europa. Die politische Landkarte musste nach der Niederlage Deutschlands neu gezeichnet werden, die politischen Verhältnisse im alten Kontinent waren neu zu ordnen. Südtirol war verständlicherweise in Paris nur eines von vielen Problemen, die gelöst werden sollten. Aber für die Deutschen und Ladiner in Südtirol war es das Wichtigste. Sie hofften auf die Rückkehr zu Österreich. Aber die Entscheidung lag eben nicht bei ihnen, auch nicht bei Österreich und auch nicht bei Italien, sondern bei den vier Großmächten, die den Krieg gewonnen hatten, bei den USA, England, Frankreich und Russland.

Volksabstimmung verweigert

Die Weichen wurden im Frühjahr des Jahres 1946 gestellt. Am 1. Mai dieses Jahres beschlossen die Außenminister der Großmächte, eine Volksabstimmung in Südtirol nicht zuzulassen. Für die Südtiroler war das eine schreckliche Enttäuschung, auch für Österreich war es ein schwerer Schlag. Aber ganz wollte man die Hoffnung auf eine Veränderung der Grenze am Brenner noch nicht aufgeben. Der Beschluss war vorderhand nur von den vier Außenministern gefasst worden. In Paris war ab Ende Juli 1946 noch die Friedenskonferenz anberaumt worden, an der 21 Nationen teilnahmen. Sie hatten das letzte Wort.

Österreich stellte den Antrag, seinen Standpunkt betreffend Südtirol auf dieser Friedenskonferenz darlegen zu dürfen. Und siehe da, obwohl die Staaten des Ostblocks – allen voran die Sowjetunion – einstimmig dagegen waren, wurde der österreichische Außenminister Karl Gruber zur Konferenz nach Paris eingeladen. Amerikaner, Engländer und Franzosen hatten es durchgesetzt, und am 21. August 1946 hielt Karl Gruber in Paris vor den Abgesandten von 21 Staaten eine Rede, in der er nochmals die Stellungnahme Österreichs zur »Südtirol-Frage« erläuterte. Auch zwei Südtiroler hielten sich damals in Paris auf, Friedl Volgger und Otto von Guggenberg. Sie standen dem Minister beratend zur Seite, aber das Steuer war nicht mehr herumzureißen. An der Tatsache, dass Südtirol bei Italien zu bleiben hatte, war nicht mehr zu rütteln.

Bewegung hinter den Kulissen

Hinter den politischen Kulissen wurde es aber noch einmal bewegt. Auf Betreiben der Vereinigten Staaten und Englands kamen zunächst vorsichtige Kontakte und dann intensive Gespräche zwischen Österreich und Italien in Gang. Diese Gespräche liefen auf eine direkte Vereinbarung zwischen Österreich und Italien in Sachen Südtirol hinaus. Hohe Regierungsbeamte beider Staaten formulierten Vorschläge, tauschten sogenannte »Noten« aus, und schließlich lag ein Vertragsentwurf auf dem Tisch, der am 5. September 1946 vom österreichischen Außenminister Karl Gruber und seinem italienischen Amtskollegen Alcide

158.628 Südtiroler forderten nach Kriegsende mit ihrer Unterschrift die Rückkehr nach Österreich. Am 22. April 1946 wurden in Innsbruck dem österreichsichen Bundeskanzler Leopold Figl die Mappen mit den Unterschriften gegeben.

Degasperi unterzeichnet wurde. Das Abkommen sieht eine Autonomie, eine Selbstverwaltung, für Südtirol vor.

Was ist der konkrete Inhalt dieses bilateralen Vertrages? Was garantiert er? Die Südtiroler haben – beispielsweise – das Recht auf Schulen in der Muttersprache. Das war im Jahr 1946 keineswegs selbstverständlich. Bekanntlich war ja in den 1920er und 1930er Jahren der Unterricht in der deutschen Sprache von den Faschisten fast gänzlich verboten worden. Weiters garantiert der Pariser Vertrag den Südtirolern das Recht, in den öffentlichen Ämtern ihre Muttersprache zu verwenden. Dieses Recht ist in Wirklichkeit bis heute noch nicht völlig verwirklicht, weil in staatlichen Ämtern verschiedene Beamte noch immer nicht die deutsche Sprache beherrschen. Die Rede ist im Vertrag dann auch von einer angemessenen Verteilung der Beamtenstellen. Das bedeutet, dass die Südtiroler ein Anrecht auf eine gewisse Zahl von Beamtenstellen haben, und zwar in den Gemeinden, in der Landesverwaltung und in den halbstaatlichen und staatlichen Stellen. Weiters müssen die von den Faschisten italianisierten Orts- und Flurnamen wieder in deutscher Sprache hergestellt werden. Dann ist von der Anerkennung der in Österreich erworbenen Studientitel die Rede. Jenen Südtirolern, die zur Zeit der »Option« ausgewandert sind, soll die Rückkehr in die Heimat erleichtert werden, und zwischen Nord- und Südtirol wird ein erleichterter Warenaustausch eingeführt.

Am 5. Mai 1946 wurde in einer großen Kundgebung auf Schloss Sigmundskron das Recht auf Selbstbestimmung gefordert.

International gültiges Dokument

Mit einem Wort: Der Pariser Vertrag garantiert den Südtirolern eine Autonomie, das heißt eine Selbstverwaltung. Das Land bleibt zwar bei Italien, aber für die innere Gestaltung ihres Landes sind die Südtiroler weitgehend allein zuständig. Und Österreich, das den Vertrag mit unterzeichnet hat, hat das Recht und die Pflicht, darüber zu wachen, dass Italien den Vertrag auch einhält. Zudem ist dieser Vertrag auch Teil des Friedensvertrages geworden, den Italien am Ende des Zweiten Weltkrieges mit den Siegermächten abgeschlossen hat. Der Pariser Vertrag ist damit ein international gültiges Dokument.

Als in Südtirol die Nachricht vom Abschluss des Vertrages bekannt wurde, waren die Meinungen sehr geteilt. Jene, die auf eine Rückkehr des Landes zu Österreich hofften – und das war die große Mehrheit der Bevölkerung – waren enttäuscht. Die anderen betrachteten den Vertrag als wichtigen Erfolg. Denn Italien müsse nun den Südtirolern eine Autonomie gewähren, und damit sei ihr Fortbestand auch in Zukunft gesichert, lautete ihre These. Die faschistische Politik der 1920er und 1930er Jahre könne sich damit nicht mehr wiederholen.

Der Schachzug Degasperis

Entscheidend war nun, wie der Staat Italien diesen Vertrag in die Wirklichkeit umsetzen würde. Denn das Pariser Abkommen, das waren – wie bereits erwähnt – zunächst nur zwei maschinengeschriebene Seiten Papier, die mussten nun mit Leben erfüllt werden. Vergleicht man das Land Südtirol mit einem Haus, musste nun eine Hausordnung erstellt werden. Diese Hausordnung musste mit den Südtirolern abgesprochen und abgestimmt werden. Das ist im Vertrag ausdrücklich verankert.

Diese Hausordnung ist die Autonomie oder, genauer gesagt, ein Autonomiestatut, das die römische Regierung im Einvernehmen mit den politischen Vertretern der Südtiroler ausarbeitet und beschließt. Solange dies nicht geschieht, bleibt der Pariser Vertrag toter Buchstabe. Und wenn die italienische Regierung ein Autonomiestatut genehmigt, das den Wünschen der Südtiroler nicht entspricht, dann sind Konflikte vorprogrammiert.

Im Jahr 1948 trat eine neue italienische Verfassung in Kraft und mit ihr ein Autonomiestatut, das nach Meinung der Südtiroler nicht dem Geiste des Pariser Vertrages entsprach. Das Land Südtirol wurde nämlich mit der Provinz Trient zusammengekoppelt, und nicht Bozen wurde das Zentrum der Verwaltung, sondern Trient. In dieser neu geschaffenen Region mit Trient als Hauptstadt hatten die Italiener eine Zweidrittelmehrheit. Das war ein Schachzug von Alcide Degasperi, dem Mitunterzeichner des Vertrages in Paris. Damit war das Pariser Abkommen schon verletzt worden, ehe es in Kraft trat. Das konnte kein gutes Signal für die Zukunft sein.

Den Herrgott zum Bundesgenossen: die Führungsspitze der SVP bei der Herz-Jesu-Prozession in Bozen im Juni 1946; in der ersten Reihe von links nach rechts: Generalsekretär Josef Raffeiner, Obmann Erich Amonn, Obmannstellvertreter Josef Menz-Popp, Otto von Guggenberg und Toni Ebner

»Das Volk von Südtirol hat gesprochen«

Die Kundgebung von Sigmundskron am 17. November 1957

Südtirol! Der strahlende Glanz dieses Wortes spiegelte sich tausend-fältig in einem unvergesslichen Tag – dem Tag von Sigmundskron. Mit diesen Worten begann die Tageszeitung »Dolomiten« am 18. November 1957 ihre umfassende Berichterstattung über die größte Kundgebung, die je in der Geschichte Südtirols stattgefunden hat: über die Kundgebung auf Schloss Sigmundskron am Sonntag, dem 17. November 1957. Rund 35.000 Menschen aus allen sozialen Schichten des Landes waren damals dem Aufruf der Südtiroler Volkspartei gefolgt, um ihren Zorn und ihren Protest gegen die italienische Südtirolpolitik vor der Weltöffentlichkeit kundzutun. Für Silvius Magnago, dem damals 43-jährigen Obmann der SVP, war es die erste große Feuerprobe in seiner langen erfolgreichen politischen Karriere.

Eine herbe Enttäuschung

Sigmundskron hat eine lange Vorgeschichte, zu der zweifelsohne das zweimal verweigerte Selbstbestimmungsrecht – am Ende des Ersten und am Ende des Zweiten Weltkrieges – gehört. Den Pariser Vertrag könnte man als Ersatz für diese Verweigerung verstehen. Aber die Autonomie für Südtirol allein, die im Sinne des Pariser Vertrages der Region Südtirol gewährt hätte werden müssen, blieb nach dem Zweiten Weltkrieg ebenfalls nur auf dem Papier. Alcide Degasperi, mit Karl Gruber der Unterzeichner des Pariser Vertrages, koppelte Südtirol mit dem Trentino zu einer Region zusammen, wobei Trient die Schaltzentrale der Verwaltung wurde.

Diese Konstruktion wurde 1948 Verfassungsgesetz des italienischen Staates. Für Südtirol war das eine herbe Enttäuschung. Alle wesentlichen

Durch die massive Zuwanderung von Italienern nach Bozen spitzte sich die politische Lage in Südtirol bedrohlich zu: im Bild Italiener aus den südlichen Regionen bei ihrer Ankunft in Bozen.

autonomen Befugnisse – insbesondere auf sozialem und wirtschaftlichem Gebiet – lagen bei der Region, wo die italienischen Parteien nach den ersten Wahlen vom November 1948 nicht weniger als 32 von insgesamt 45 Mandaten innehatten. Die Südtiroler wurden damit um jene Früchte der Autonomie geprellt, die ihnen im Pariser Vertrag zugesichert worden waren. Sie waren zur Minderheit in der Region geworden.

Und die Democrazia Cristiana, die in der Region das große Sagen hatte, spielte ihre Mehrheit gegen die SVP ebenso brutal wie konsequent aus. So war es beispielsweise damals gang und gäbe, dass der Regionalhaushalt, für dessen Genehmigung laut Autonomiestatut auch die Zustimmung der SVP notwendig war, alljährlich mit einem Dekret des italienischen Innenministers in Kraft gesetzt wurde, weil zuvor in Trient zwischen SVP und italienischen Regierungsparteien keine

Einigung erzielt werden konnte. Dass der Löwenanteil der Geldmittel im Trentino investiert wurde und die Südtiroler das Nachsehen hatten, gehörte zur Tagesordnung.

Massive Zuwanderung

Es waren also höchst unerquickliche Jahre für die Südtiroler, deren Lage noch dadurch erschwert wurde, dass die in den 1930er Jahren begonnene künstliche Zuwanderungspolitik auch in den 1950er Jahren zielstrebig weitergeführt wurde. Das Ziel von Ettore Tolomei, dem Bannerträger der faschistischen Südtirolpolitik, war es bekanntlich, Bozen zu einer Stadt mit hunderttausend vorwiegend italienischen Bewohnern zu machen, um von diesem »Brückenkopf« aus ganz Südtirol zu italianisieren. Bei der vom Staat geförderten Zuwanderung konnte es nur mehr eine Frage von wenigen Jahren sein, bis Bozen die »Tolomei'sche Traumgrenze« erreichen würde.

Hand in Hand mit der massiven Zuwanderung von Italienern vor allem aus den südlichen Provinzen des Staates ging eine eklatante Benachteiligung der Südtiroler bei der Vergabe von Stellen im öffentlichen Dienst und bei der Zuteilung von Sozialwohnungen. In Südtirol wurden damals beispielsweise neunzig bis fünfundneunzig Prozent der von der öffentlichen Hand geförderten Wohnungen italienischen Familien eingeräumt. Das zeitigte schwerwiegende soziale Konsequenzen für die Südtiroler. Viele Familienväter mussten auswandern, um in Deutschland Arbeit und Brot zu suchen.

Auch die im Pariser Vertrag ausdrücklich angeführte Gleichberechtigung der deutschen Sprache mit der italienischen in öffentlichen Ämtern blieb auf weiten Strecken toter Buchstabe. Die allermeisten Beamtenposten wurden von Italienern besetzt, und die verstanden kaum ein Wort Deutsch. Selbst einfache Beamtenposten in den Dörfern, wie jene eines Briefträgers, blieben Italienern vorbehalten, weil die Stellen auf Staatsebene ausgeschrieben wurden und die Südtiroler damit keine Chance hatten. Der im Pariser Vertrag verankerte Proporz bei der Vergabe von Stellen im öffentlichen Dienst war also eine Fata Morgana für die Südtiroler.

Der »Todesmarsch«

Ein Gefühl dumpfer Angst machte sich damals unter vielen Südtirolern breit. Sie fühlten sich heimatlos in ihrer Heimat. Und sollte diese Entwicklung zwischen italienischer Zuwanderung und deutscher Abwanderung nicht gestoppt werden, würde es nicht mehr lange dauern, bis die Südtiroler im eigenen Land eine Minderheit wären. Michael Gamper, der Vater der Katakombenschule und Graue Eminenz der Südtirolpolitik auch nach dem Kriege, prägte in jenen Jahren den Begriff vom **Todesmarsch** der Südtiroler. Er wollte damit verdeutlichen, dass die Südtiroler eine sterbende Minderheit sind, wenn der italienische Staat diese Politik der Unterdrückung und Erdrückung weiter fortsetzt.

In einem denkwürdigen Artikel schrieb Kanonikus Michael Gamper am 28. Oktober 1953 in der Tageszeitung »Dolomiten«: *Wir müssen immer wieder davon reden, weil es unsere tägliche, ja stündliche Not ausmacht: Die gewollte Unterwanderung unseres Volkes geht unaufhaltsam weiter. Viele Zehntausende sind nach 1945 und nach Abschluß des Pariser Vertrages aus den südlichen Provinzen in unser Land eingewandert, während zur gleichen Zeit die Rückkehr von einigen Zehntausenden unserer umgesiedelten Landsleute unterbunden wurde. Von Jahr zu Jahr sinkt so der Prozentsatz der einheimischen Bevölkerung steil ab gegenüber dem unheimlichen Anschwellen der Einwanderer. Fast mit mathematischer Sicherheit können wir den Zeitpunkt errechnen, zu dem wir nicht bloß innerhalb der zu unserer Majorisierung geschaffenen Region, sondern auch innerhalb der engeren Landesgrenzen eine wehrlose Minderheit bilden werden. Dies in einem Raume, in dem noch vor kurzem die Italiener nur drei Prozent der Gesamtbevölkerung ausgemacht hatten. Es ist ein Todesmarsch, auf dem wir Südtiroler uns seit 1945 befinden, wenn nicht noch in letzter Stunde Rettung kommt!*

Hilfe von Österreich

Woher konnte angesichts solcher Bedrohung die Rettung kommen? Die Südtiroler allein waren zu schwach, auch wenn sie wie ein Mann hinter dem Edelweiß standen, jenem Symbol, zu dem sie sich bereits bei den ersten Landtagswahlen im November 1948 mit überwältigender

Einen Stadtteil mit Tausenden von neuen Wohnungen versprach Minister Togni den Italienern in Bozen.

Mehrheit bekannten. Geschlossenheit nach außen war gewiss eine ihrer großen Stärken, aber sie allein genügte nicht in der Abwehr gegen die zentralistisch-nationalistischen Tendenzen des italienischen Staates. Sie brauchten Hilfe auch von jenem Staat, der Signatarmacht des Pariser Vertrages war. Das war Österreich.

Österreich, das 1955 mit dem Staatsvertrag seine volle Souveränität wiedererlangt hatte, ließ keinen Zweifel daran, dass es sich mit aller Kraft für die Lebensinteressen der Südtiroler einsetzen würde.

Unabhängig von moralischen Motiven war Österreich durch den Pariser Vertrag ermächtigt und legitimiert, seine Stimme für die Belange der bedrohten Südtiroler zu erheben. Das geschah im Herbst 1956 in einer diplomatischen Note an Rom, in der die völlig unzureichende Anwendung des Pariser Vertrages beklagt und die Einsetzung einer bilateralen Expertenkommission vorgeschlagen wurde. Die sollte die Probleme prüfen und Vorschläge zur Lösung ausarbeiten. Aber Rom

antwortete im Jänner 1957 mit einem kaltschnäuzigen »Njet«. Die italienische Regierung stellte damals fest, der Pariser Vertrag sei voll und ganz
erfüllt, und im Übrigen sei das »Südtirol-Problem« eine inneritalienische
Angelegenheit, in die sich einzumischen Österreich kein Recht habe – ein
diplomatischer Refrain, der sich in den folgenden Jahren noch mehrmals
in stereotyper Weise wiederholen sollte.

Österreich und die Südtiroler mussten aus dieser Antwort Roms
ableiten, dass Italien kein Jota von seiner bisherigen Politik der Assimi-
lierung und Majorisierung abweichen wollte. Denn auf die lief, daran
konnte kein Zweifel bestehen, Italiens Strategie in den 1950er Jahren
hinaus: durch eine gezielte Zuwanderung und Diskriminierung politische Fakten schaffen, an denen dann nicht mehr gerüttelt werden konnte.
Wenn die Italiener einmal die Mehrheit im Lande hätten, dann könnte
vielleicht auch jene Volksabstimmung durchgeführt werden, die den
Südtirolern 1919 und 1945 so sehr am Herzen gelegen hatte.

SVP-Parteiobmann Silvius Magnago sprach im Schlosshof von Sigmundskron vor
35.000 Menschen.

»Das Volk von Südtirol ...«

Die von Italien verweigerte Volksabstimmung organisierten die Südtiroler am 17. November 1957 auf ihre Weise: mit einer machtvollen Kundgebung im Schlosshof von Sigmundskron. Es war die größte Demonstration, die je in der Geschichte Südtirols stattgefunden hatte. *Das Volk von Südtirol hat gesprochen*, titelte damals die »Dolomiten«.

Den unmittelbaren Anlass dazu gab der italienische Minister für öffentliche Arbeiten, Giuseppe Togni. Am 15. Oktober 1957 teilte er dem Bürgermeister von Bozen, Giorgio Pasquali, mit, die Regierung in Rom habe der Landeshauptstadt 2,5 Milliarden Lire für die Errichtung eines neuen Stadtviertels zur Verfügung gestellt. Wörtlich heißt es in der Depesche: *Es freut mich, Ihnen mitzuteilen, daß das Koordinierungskomitee für Volkswohnbauten (CEP) eine schnelle Realisierung des zweiten Wohnbauprogrammes beschlossen hat, in welchem die Errichtung eines neuen Stadtteiles in Bozen inbegriffen ist, und zwar für den Betrag von 2,5 Milliarden Lire für die Errichtung von 5000 Wohnräumen zusätzlich Kirchen und Gebäuden für soziale und öffentliche Dienste. Ich bin sicher, auf Ihre Mitarbeit bei der Verwirklichung dieser Initiative der Regierung rechnen zu können, und bezweifle nicht, daß dieser wesentliche Beitrag zur Durchführung des sozialen Wohnbauprogrammes dieser Stadt gewürdigt wird. Togni, Minister für Öffentliche Arbeiten.*

Dieses Telegramm war ein regelrechter Schlag ins Gesicht der Südtiroler, denn es bekräftigte die bereits zuvor gehegte Befürchtung, dass Rom die seit zehn Jahren betriebene Zuwanderungspolitik noch forcieren wollte, um so bald wie möglich vollendete Tatsachen zu schaffen. Die von den Faschisten begonnene Politik der Majorisierung also in zweiter, demokratisch verbrämter Auflage? Es sah ganz danach aus.

Spirale der Spannung

Der politische Horizont im Lande hatte sich bereits zuvor bedrohlich verdüstert, weil es Ende 1956, Anfang 1957 zu den ersten Sprengstoffanschlägen gekommen war. In der Folge wurden siebzehn Südtiroler verhaftet, darunter auch der verantwortliche Redakteur der Tageszeitung

»Dolomiten«, Friedl Volgger. Die Atmosphäre angeheizt hatte auch der umstrittene Schuldspruch gegen die sogenannten »Pfunderer Burschen«, die in einem auch international gewaltigen aufsehenerregenden Indizienprozess wegen der ihnen angelasteten Ermordung eines Finanzbeamten zu langjährigen Freiheitsstrafen verurteilt worden waren.

Und in dieser Spirale der Spannung nun das Telegramm von Minister Togni, das wie die Faust aufs SVP-Auge anmuten musste. Für die Verantwortlichen der SVP war die Zeit zum Handeln gekommen. An der Spitze der Sammelpartei stand nun der 43-jährige **Silvius Magnago,** damals Landtagspräsident und ab 1960 Landeshauptmann. Er war im Frühjahr 1957 von Männern auf den Schild gehoben worden, die einer härteren Gangart gegenüber der römischen Hinhalte- und Verschleppungspolitik das Wort redeten. Proteste in Form von Stellungnahmen und Pressekommuniqués schienen nicht mehr zielführend genug. Sie stießen in Rom auf total taube Ohren. Der Parteiausschuss der SVP beschloss zehn Tage nach dem Togni-Telegramm, seine Empörung in einer großen Kundgebung, zu deren Teilnahme alle Südtirolerinnen und Südtiroler aufgerufen wurden, zum Ausdruck zu bringen. Die Kundgebung sollte vor aller Welt deutlich machen, dass es ein »Südtirol-Problem« gibt und dass sich südlich des Brenners 250.000 Menschen in ihrer kulturellen Existenz bedroht fühlen.

Aus der Landeshauptstadt »verbannt«

Die Kundgebung sollte am 17. November in Bozen stattfinden – in der Landeshauptstadt, die nach den Worten von Tolomei durch gezielte Zuwanderung bald eine Stadt mit hunderttausend vorwiegend italienischen Bewohnern werden sollte. In Erwägung gezogen wurden für die Kundgebung der Landhausplatz, der Waltherplatz, der Grieser Platz und das Drususstadion. Aber daraus wurde nichts. Der Regierungskommissär Luigi Sandrelli, der oberste Vertreter der Regierung in Südtirol, verbot die Kundgebung in der Landeshauptstadt mit dem Hinweis, dass Störungen der öffentlichen Ordnung zu befürchten seien. Die Neufaschisten hatten nämlich eine Gegendemonstration angekündigt.

Das »Los von Trient« war die zentrale Forderung bei der Kundgebung von Sigmundskron.

Die Wahl für den Schauplatz der Kundgebung fiel nun auf den Schlosshof von Sigmundskron. Das war ein symbolträchtiger Ort, hatte dort doch schon 1946 eine eindrucksvolle Südtirol-Kundgebung stattgefunden. Damals, am 5. Mai, versammelten sich rund 20.000 Frauen und Männer, um gegen die Verweigerung des Selbstbestimmungsrechtes für Südtirol zu protestieren.

Eigentlich wollte der Regierungskommissär auch die Kundgebung auf Schloss Sigmundskron verbieten – eben aus Gründen der öffentlichen Sicherheit. Aber SVP-Obmann Silvius Magnago war es dann nach langen Verhandlungen gelungen, die Zustimmung des Regierungsvertreters zu erhalten. In einem demokratischen Staat wie Italien habe doch jede Partei das Recht, öffentlich ihre Meinung zu äußern und ihren Unmut kundzutun, hatte er argumentiert. Und was die vom Regierungskommissär befürchteten Ausschreitungen angeht, *gebe ich*

Junge Burschen aus dem Sarntal trugen in Sigmundskron ein Transparent mit der Aufschrift »Volk in Not«.

mein deutsches Wort, daß nichts zu befürchten ist, erklärte der Obmann. Er kenne seine Landsleute, auf die könne er sich verlassen. Auf diese Zusicherung hin erteilte der Regierungskommissär, der direkt dem römischen Innenminister verantwortlich ist, die Zustimmung zur Abhaltung der Protestkundgebung auf Schloss Sigmundskron.

»Die paar Bauern ...«

Es war ein sonnig-kühler Sonntagmorgen, jener 17. November des Jahres 1957. Schon am Vortag waren starke Polizeieinheiten in die Landeshauptstadt beordert worden. Man schätzte deren Zahl auf rund 4000, und sie bezogen Stellung an allen strategischen Punkten der Stadt. Bozen glich einem Heereslager. Und in den Kasernen waren auch die Soldaten in erhöhte Alarmbereitschaft versetzt worden.

Die fieberhafte Spannung hatte auch jenen Mann erfasst, der an jenem 17. November seine erste große politische Feuerprobe zu bestehen hatte: Silvius Magnago. Die Hektik und Nervosität der vorausgegangenen Tage, die Verhandlungen, Besprechungen, die unzähligen Telefonanrufe hatten den schwer Kriegsversehrten gezeichnet; und dann die unendlich schwere Verantwortung, die auf seinen jungen politischen Schultern lastete, und schließlich die Sorge, ob überhaupt genügend Menschen nach Sigmundskron kämen oder ob möglicherweise jener Trentiner Politiker recht behielte, der wenige Tage zuvor in der Tageszeitung »Adige« spöttisch meinte, man soll die paar Bauern ruhig durch Bozen marschieren lassen …

Gedanken über Gedanken schießen Silvius Magnago durch den Kopf, als er bereits im Fond des Autos sitzt, das ihn nach Sigmundskron bringen soll. Von seiner Wohnung in der Bozner Runkelsteiner Straße sind es nicht mehr als acht Kilometer bis zum Schloss – eine halbe Stunde Fahrzeit. Während er durch die Stadt fährt, in der die Kundgebung verboten worden ist, überlegt der Obmann noch einmal die Schwerpunkte seiner Rede, die er vor den versammelten Landsleuten halten würde: Den Bogen wollte er spannen von der Verweigerung des Selbstbestimmungsrechtes am Ende des Zweiten Weltkrieges über den Pariser Vertrag, der eine Autonomie für Südtirol allein zum Inhalt hat und der vom italienischen Ministerpräsidenten Alcide Degasperi verfälscht wurde, weil Südtirol mit dem Trentino zu einer gemeinsamen Region zusammengeschlossen wurde; dann wollte er über die massive Zuwanderung von Italienern nach Südtirol sprechen und zuletzt natürlich auch von jenem berüchtigten Telegramm des Ministers Togni, mit dem Bozen ein gewaltiger Schub auf dem Weg zu einer Stadt mit hunderttausend Einwohnern gegeben werden sollte.

Halsbrecherische Fahrt

Während Magnago in sich und sein Manuskript versunken noch einmal seine Gedanken ordnet, bremst der Fahrer plötzlich ab. Was ist geschehen? Der Wagen steckt in einer Autokolonne, die sich nur im Schrittempo weiterbewegt. Vorne Omnibusse, hinten Omnibusse, dazwischen Motorradfahrer, die aus der Kolonne ausscheren, einzelne Fahrradfahrer, viele Menschen auch zu Fuß, alle auf dem Weg nach Sigmundskron. Magnago erfüllt das einerseits mit Genugtuung, aber andererseits steckt er in einem unübersehbaren Stau, aus dem es kein Entrinnen zu geben scheint. Und zu spät kommen, er, wo er doch die große Rede halten muss – das ist undenkbar. Und zudem hat er ja auch dem Regierungskommissär sein deutsches Wort gegeben, dass alles im richtigen Lot bleibt. Wenn sich bei Tausenden und Abertausenden von Menschen ein kleiner Zwischenfall ereignet, könnte die zum Bersten gespannte Lage rasch aus dem Lot geraten. Was soll er tun, um rasch in den Schlosshof von Sigmundskron zu gelangen?

Da kommt unerwartete Hilfe. Ein Motorradfahrer aus Bozen erklärt sich bereit, den Chef der Südtiroler Volkspartei auf seinem Roller nach Sigmundskron zu fahren. Magnago nimmt das Angebot an und steigt auf den Soziussitz. Kreuz und quer durch die Reihen der mühsam sich dahinschleppenden Autos geht die Fahrt den Hügel hinauf, etwas halsbrecherisch gewiss und für einen Parteiobmann und einen Landtagspräsidenten, der Magnago auch ist, ziemlich ungewohnt, aber Magnago kommt sicher ans Ziel. Unmittelbar vor dem Rednerpult steigt er ab und bedankt sich bei seinem Nothelfer, der ihn so unvermittelt aus einer unerquicklichen Lage befreit hat.

Als ob ganz Südtirol versammelt wäre ...

Silvius Magnago wirft einen Blick hinunter auf die Menschen, die bereits im Schlosshof von Sigmundskron versammelt sind. Viele Tausende sind es, sicherlich mehr als zwanzigtausend, vielleicht sogar dreißigtausend, und noch immer drängen Menschen von weit unten herauf – Menschen, die an diesem historischen Tag auch dabei sein wollten. Es sind Leute aus allen sozialen Schichten: viele Bauern, dann Arbeiter, Handwerker, Beamte, Akademiker, Frauen und Männer und sehr viel Jugend. *Mir schien es, als ob ganz Südtirol aufgebrochen wäre, um vor aller Welt deutlich zu machen, daß Italien mit seiner hartnäckigen Politik der Italianisierung an den Südtirolern ein schweres Unrecht begeht,* erklärt Magnago aus der Retrospektive.

Die Menschen sind diszipliniert, Männer mit weißen Armbinden versehen den Ordnungsdienst, auf der höchsten Spitze des Schlossturms flattert eine Tiroler Fahne, obwohl das Hissen von Tiroler Fahnen bei der Kundgebung noch tags zuvor von den italienischen Behörden ausdrücklich verboten worden ist; Spruchbänder werden gezeigt, auf denen *Freiheit für Südtirol* gefordert wird, Heimatlieder werden gesungen, und dazwischen spielt immer wieder die Bürgerkapelle von Gries. Es herrscht eine festlich-gespannte Stimmung.

Zuerst tritt ein Bezirksvertreter von Bozen ans Rednerpult, dann ein junger Arbeiter aus Algund. Beide beklagen in leidenschaftlichen Worten die Diskriminierung, der die Südtiroler in der eigenen Heimat immer wieder ausgesetzt sind, und beide Redner werden mit stürmischem Beifall bedacht. *Freiheit für Südtirol* und *Los von Trient* brandet es immer wieder durch den Schlosshof, wo mittlerweile an die 35.000 Menschen versammelt sind. Und das Echo lässt die Rufe der vielen Tausend noch eindrucksvoller erschallen.

»Ich habe mein deutsches Wort gegeben!«

Dann ist der Obmann der Südtiroler Volkspartei an der Reihe, sein Auftritt wird von orkanartigem Beifall begleitet. Für Silvius Magnago ist es zweifelsohne der größte Augenblick in seiner bisherigen politischen

Laufbahn. *Liebe Südtiroler, liebe Landsleute,* beginnt er seine Rede. *Sie werden verstehen,* und das Mikrofon trägt seine Stimme über den ganzen Schlosshof, *Sie werden verstehen, daß ich für diese Kundgebung eine große Verantwortung trage. Ich habe als Verantwortlicher und auch als Parteiobmann mein Wort gegeben, daß nach der Kundgebung alles vorbei ist, das heißt, ich habe mein Wort gegeben, daß kein Marsch und kein Sonderprogramm nach dieser Kundgebung stattfindet.* Pfiffe werden laut, und empörte Zwischenrufe schallen Magnago entgegen: *Die anderen hätten schon viele Worte gegeben. Magnago kontert: Ja, die anderen haben schon viele Worte gebrochen, ich aber, ich habe mein deutsches Wort gegeben, und ich bitte Euch, dieses mein deutsches Wort einzuhalten, denn das hat bei uns Gültigkeit.* Die Menschen klatschen, und die wenigen noch hörbaren Pfiffe gehen schließlich im aufbrausenden Beifallssturm unter. Nun spürt Magnago, dass er einen Sieg bereits errungen hat. Jetzt zieht er alle rhetorischen Register gegen Rom und Trient. Er kommt auf den sozialen Wohnbau in der Stadt Bozen zu sprechen, mit dem der Staat die Südtiroler zu unterwandern versucht.

Die Zuwanderung würgt uns in der Heimat ab, ruft Magnago in die Menge. *Viele Zehntausende Italiener sind nach 1945 und nach dem Pariser Vertrag aus den südlichen Provinzen in unser Land eingewandert, und mit fast mathematischer Sicherheit können wir den Zeitpunkt errechnen, wann wir in Südtirol eine wehrlose Minderheit bilden werden.* Und dann Magnago weiter: *Wir haben dagegen protestiert, aber man hat uns nicht gehört, deshalb haben wir uns gesagt, wir müssen jetzt lauter werden, denn bei Schwerhörigkeit kann man sich nur verständlich machen, wenn man laut wird. Deswegen sind wir heute zusammengekommen und können nur versichern, daß wir in Zukunft noch lauter werden, wenn man schwerhörig bleibt.*

Dann rechnet Magnago mit dem italienischen Innenminister Fernando Tambroni ab, der sich kurz vorher zu einem Besuch in Bozen aufgehalten und erklärt hatte, Bozen sei eine große Stadt und müsse noch größer werden. *Das hat,* ruft Magnago aus, *vor dem Herrn Minister auch schon der faschistische Diktator Mussolini versprochen.*

»Los von Trient«

Und dann kommt Magnago, der rhetorisch immer mehr in Fahrt kommt, auf den eigentlichen Schwerpunkt seiner Rede, auf das *Los von Trient*. *Wir wollen keine Autonomie mit Trient zusammen. Uns steht aufgrund des Pariser Vertrages eine Autonomie für Südtirol allein zu*, ruft der Obmann mit leidenschaftlicher Stimme. Die Parlamentarier der SVP würden unverzüglich einen Gesetzentwurf in Rom einbringen, damit die Autonomie für Südtirol allein Wirklichkeit werden kann, kündigt Magnago an.

Und dann wendet sich Silvius Magnago an die österreichische Regierung, die durch den Pariser Vertrag ermächtigt ist, sich für die Belange der Südtiroler einzusetzen. Wörtlich erklärt Magnago: *Bei dieser Gelegenheit fordere ich die österreichische Regierung auf, sich noch energischer als bisher für die Durchführung des Pariser Vertrages einzusetzen und nicht alles auf die lange Bank schieben zu lassen. Sie muß die Verhandlungen zu einem Ergebnis führen oder andernfalls andere Wege gehen.*

Mit den anderen Wegen meint Magnago die Anrufung der UNO in New York, wozu es drei Jahre später dann tatsächlich gekommen ist. Abschließend ruft Magnago die Südtiroler auf, für die Heimat zu arbeiten und vor allem auf die eigene Kraft zu vertrauen. *Tirol wird nur solange weiterleben, als es Tiroler in Tirol gibt. Wir und unsere Nachkommen müssen gute Tiroler bleiben.*

»Recht und Gerechtigkeit«

In einer von den Versammelten einstimmig genehmigten Entschließung wurden *Recht und Gerechtigkeit* für Südtirol gefordert. Italien wurde beschuldigt, *nie daran gedacht zu haben, das faschistische Unrecht wiedergutzumachen.* Ganz im Gegenteil: *Man fahre jetzt in jenem Geist fort, der so viel Unheil über Südtirol gebracht habe.* Italien wurde aufgefordert, *die übernommenen internationalen Verpflichtungen zu erfüllen.* An Österreich wurde in der Resolution der Appell gerichtet, *sich im Sinne des Pariser Vertrages mit ganzer Kraft und allen Mitteln für eine beschleunigte Erfüllung der Forderungen der Südtiroler einzusetzen.* Die Resolution schloss mit folgendem Satz: *Sollten unmittelbare Verhandlungen zu keinem Ergebnis führen, so fordern wir Österreich schon heute auf, vor den geeigneten internationalen Instanzen Recht und Gerechtigkeit für Südtirol zu verlangen.*

Auf dem Schlosshügel von Sigmundskron war es mittlerweile fast Mittag geworden. Die Kundgebung neigte sich dem Ende zu. Das Tiroler Heimatlied erklang noch einmal, die Bürgerkapelle von Gries spielte ihren letzten Marsch. Dann zerstreuten sich die Menschen und traten wieder die Heimreise an. Die Tiroler Fahnen wurden eingezogen. Der Tag von Sigmundskron war nun am Ausklingen, es war ein glänzender Tag, ein Tag von historischer Bedeutung für Südtirol, wie die Geschichte mittlerweile gezeigt hat. Ein historischer Tag auch für Silvius Magnago.

Am nächsten Tag berichteten alle großen Zeitungen in Westeuropa vom »Tag von Sigmundskron« und von den 35.000 Menschen, die gesittet und diszipliniert gegen die italienische Zuwanderungspolitik protestiert hatten.

Aber hat die römische Regierung den Notruf der 35.000 Südtiroler von Sigmundskron gehört, ihn zur Kenntnis genommen? Als die SVP-Abgeordneten Toni Ebner, Karl Tinzl und Otto von Guggenberg im Februar 1958 im Sinne des »Los von Trient« in der römischen Abgeordnetenkammer einen Entwurf für ein neues Autonomiestatut einbrachten, das eine Autonomie für Südtirol allein zum Inhalt hatte, zeigte man den Südtirolern wiederum die kalte Schulter. Die Vorlage wurde von der Regierung nie geprüft und vom Parlament nie behandelt.

Auch die Bemühungen der österreichischen Regierung, Verhandlungen mit Italien über die Durchführung des Pariser Abkommens aufzunehmen, scheiterten am italienischen Widerstand. Rom vertrat weiterhin den stereotypen Standpunkt, den Innenminister Tambroni am 14. September 1956 in Bozen in einer Rede vor den Bürgermeistern Südtirols geäußert hatte. Wörtlich meinte der Minister damals: *Ich erkläre, ohne zu zögern, daß es kein Problem Südtirol gibt und noch weniger eine Südtirol-Frage.*

Die folgenden Jahre machten allerdings deutlich, dass es sehr wohl ein »Südtirol-Problem« und eine »Südtirol-Frage« gab …

Der Tag von Meran

Das »Paket« auf dem Prüfstand

Es ist der 22. November des Jahres 1969: Der Zeiger auf dem großen Zifferblatt der Uhr im Meraner Kursaal steht gerade auf 10.15 Uhr. Immer noch strömen Mitglieder der Südtiroler Volkspartei in den mit Tiroler Fahnen und mit Blumengebinden festlich geschmückten Saal. Die Männer und Frauen kommen aus allen Talschaften Südtirols, aus dem Pustertal, dem Eisacktal, aus dem Vinschgau, dem Unterland, aus dem Bezirk Bozen und aus dem Burggrafenamt. Es sind Delegierte der SVP, Vertreter der Partei, die heute eine weitreichende Entscheidung zu treffen hat. Vorne in den ersten Reihen haben bereits der Obmann der SVP, Silvius Magnago, seine Stellvertreter Peter Brugger und Joachim Dalsass und der Ladiner Franz Demetz Platz genommen, links und rechts davon Parlamentarier, Landesräte, Landtagsabgeordnete, Gäste aus Österreich und Deutschland und aus Italien und in den Seitenreihen Journalisten und Korrespondenten aus vielen Ländern. Sie wollen in ihren Zeitungen, im Rundfunk und im Fernsehen über den historischen Tag von Meran berichten.

Wenige Minuten nach 10.15 Uhr ertönen Fanfarenklänge: Es ist das feierliche Signal für den Beginn. Silvius Magnago tritt an das Rednerpult und erklärt in kurzen lakonischen Worten den außerordentlichen Parteitag für eröffnet. Er wirkt ruhig, ja betont ruhig, der Obmann der SVP, auf dem heute eine gewaltige Verantwortung lastet, werden doch die entscheidendsten Weichen für den zukünftigen Kurs Südtirols nach dem Abschluss des Pariser Vertrages gestellt. Heute schlägt im Kursaal von Meran, wie immer sich die Dinge entwickeln mögen, eine geschichtlich bedeutsame Stunde. Das ist allen klar, den Spitzenfunktionären der Partei ebenso wie den unscheinbaren Delegierten aus den abgelegenen Seitentälern unseres Landes. Im Saal ist die knisternde Spannung förmlich zu spüren.

Ergebnis jahrelanger Verhandlungen

Auf dem Prüfstand liegt das »Paket«, jenes Bündel von Maßnahmen, welche die römische Regierung bereit ist, den Südtirolern zur Verbesserung ihrer Autonomie zu gewähren. Um dieses »Paket« hat es jahrelange Verhandlungen gegeben. Wie ein Tauziehen haben sich diese Verhandlungen gestaltet: Auf der einen Seite die SVP mit Silvius Magnago an der Spitze, unterstützt von der Regierung in Wien, und auf der anderen Seite die römische Regierung. Unzählige Konferenzen haben stattgefunden, Experten haben sich den Kopf zerbrochen, Minister über die Forderung der Südtiroler nach einer besseren Autonomie beraten, auch die Regierungschefs von Wien und Rom haben sich des Problems angenommen.

Und nun liegt es auf dem Tisch, das »Paket«. Es ist nicht so gut ausgefallen, dass es voller Begeisterung angenommen werden könnte, und auch nicht so schlecht, dass es, ohne mit der Wimper zu zucken, abgelehnt werden könnte. Das »Los von Trient«, die eigene »Region Südtirol«, die auf der großen Kundgebung in Sigmundskron im Jahr 1957 gefordert worden ist, wurde mit diesem »Paket« nicht erreicht, aber vieles, was derzeit noch als Zuständigkeit in Trient liegt, würde auf die autonome Provinz Bozen übertragen.

Die Entscheidung liegt bei der Südtiroler Volkspartei, denn sie ist die stärkste politische Kraft im Lande, vertritt die Rechte und die Anliegen des weitaus größten Teils der Südtiroler. Durch die freien Wahlen ist sie dazu in den dreißig Jahren davor immer wieder legitimiert worden. Und die Delegierten dieser Partei sind nun in Meran, um ihre Wahlkarte am Ende der Versammlung auf die Waagschale zu legen. Dann ist das »Paket« angenommen oder abgelehnt. Einen Aufschub gibt es nicht mehr. Nach fast zehn Jahren Verhandlungen ist die Entscheidung überfällig.

Magnago – »Vater des Pakets«

Auch für Silvius Magnago steht viel auf dem Spiel. Er war ab Mitte der sechziger Jahre der Wortführer für die Annahme des »Pakets«. Viele bezeichnen ihn als den »Vater des Pakets«. Würde es nun in Meran abgelehnt, wäre auch sein politisches Schicksal infrage gestellt. Er würde den

Die »Ouvertüre« zu den Verhandlungen, die 1969 schließlich zum »Paket« führten, war schrill.
In der Herz-Jesu-Nacht (Juni 1961) wurden Dutzende von Hochspannungsmasten gesprengt.

Vorsitz der Partei abgeben, zurücktreten, sein politisches Lebenswerk wäre damit gescheitert. Also auch eine historische Stunde für den seit 1957 amtierenden Obmann der Südtiroler Volkspartei.

Magnago denkt noch einmal zurück an die vergangenen Jahre, es ist gewissermaßen die Vorgeschichte des »Pakets«: an den großen Tag von Sigmundskron, als er seine erste Feuerprobe zu bestehen hatte, an die Wochen, als das »Südtirol-Problem« vor den Vereinten Nationen in New York diskutiert wurde, an die schmerzlichen Ereignisse rund um die Sprengstoffanschläge von 1961 und später – und dann an das allmähliche Anlaufen von ernsthaften Verhandlungen mit Rom über eine Erweiterung der Landesautonomie im Rahmen der sogenannten Neunzehnerkommission. Auch die vielen Kontakte mit dem österreichischen Außenminister Bruno Kreisky kommen ihm in den Sinn, das Zusammentreffen mit dem italienischen Außenminister Giuseppe Saragat und dann die vielen herzlichen und fruchtbaren Begegnungen mit Aldo Moro, dem italienischen Außenminister und Ministerpräsidenten. Es waren dies bewegte Jahre voller Aufregung und Spannung, aber sie zeitigten auch Früchte, eben jenes Bündel von Zuständigkeiten, die Rom nun bereit ist, auf die Provinz Bozen zu übertragen. Bozen könnte damit eine echte Landeshauptstadt werden, wäre nicht mehr einfach ein Ableger von Trient.

Ringen in den »eigenen Reihen«

Magnago denkt auch an das erbitterte Ringen für und wider dieses »Pakets« in den Reihen der Südtiroler Volkspartei. Je deutlicher die Umrisse des »Pakets« sichtbar wurden, umso klarer traten auch die Schwachstellen in Erscheinung, beispielsweise was die Zuständigkeiten der Schule betrifft, die Arbeitsvermittlung, wichtige Bereiche der Sozialgesetzgebung, die öffentliche Ordnung, die Sicherheitsorgane, um nur einige zu nennen. Und dann, wie stand es um die Garantie, dass Rom die im »Paket« enthaltenen Zusagen auch wirklich in die Tat umsetzt?

Die Südtiroler waren aufgrund ihrer Erfahrungen gebrannte Kinder. Rom hatte die Erfüllung des Pariser Vertrages immer wieder hinausgezögert, immer wieder neue Ausreden gefunden. Würde es jetzt seine

In Waidbruck wurde im Jänner 1961 der »Genio del fascismo«, der eine frappante Ähnlichkeit mit dem Duce hatte, vom Sockel gesprengt.

Versprechungen einhalten? Magnago hat, bevor das »Paket« auf dem Tisch lag, mit italienischen Regierungsvertretern um Punkte und Beistriche gerungen, Fußnoten wurden noch angefügt, damit ja ein möglichst klarer Text aufliegt, bei dessen Interpretation dann keine Meinungsverschiedenheiten mehr entstehen könnten.

Dennoch bildete sich innerhalb der SVP eine starke Opposition gegen das »Paket«, angeführt von Senator Peter Brugger, dem Stellvertreter von Silvius Magnago in der Partei. Die »Paketgegner« vertraten immer wieder die Auffassung, dass mit Rom noch weiter verhandelt werden müsse, damit ein noch besseres »Paket« auf den Tisch käme. In vielen Versammlungen im Vorfeld der historischen Landesversammlung versuchten sie genauso wie die »Paketbefürworter« bei den Delegierten der SVP für ihre Vorstellungen zu werben. Die Zukunft der deutschen und ladinischen Volksgruppe im Staate Italien sei mit diesem »Paket« nicht

Der damalige österreichische Außenminister Bruno Kreisky brachte 1960 und 1961 das »Südtirol-Problem« vor die UNO in New York.

ausreichend abgesichert, war eine ihrer Thesen. Die Möglichkeiten der italienischen Regierung, sich in die inneren Angelegenheiten Südtirols einzumischen, seien noch zu groß, erklärten sie.

»Wir verlieren nichts von dem ...«

Magnago und seine Anhänger waren dagegen anderer Ansicht. Der Verhandlungsbogen mit Rom sei nun so weit gespannt worden, dass jede zusätzliche Belastung ein Bersten des Bogens bedeuten könnte. Im Klartext: Mehr war nicht herauszuholen. Jetzt hieß es, das Angebot Roms entweder annehmen oder ablehnen – mit all den Folgen, die sich daraus ergeben konnten. Das war der feste Standpunkt des Obmanns

Silvius Magnago, der »Vater des
Südtirol-Pakets«

der SVP und seiner politischen Freunde an diesem 22. November 1969. Silvius Magnago wörtlich: *Wir verlieren nichts von dem, was wir bereits haben, wenn wir zu diesem Angebot ja sagen … Mir ist um die Zukunft unserer Südtiroler nicht bange, wenn sich in unserer Jugend der Wille zur Ertüchtigung und zur besseren Leistung durchsetzt und wenn wir auch außerhalb dieses Pakets noch vorhandene Möglichkeiten mit aller Energie ausnutzen.*

Um die Kernfragen des »Pakets« entwickelt sich nun im Meraner Kursaal eine Marathondebatte, an der sich weit über fünfzig Redner beteiligen. Die einen argumentieren für die Annahme des »Pakets« und vertreten damit die Position von Silvius Magnago, die anderen machen sich für die Argumente der »Paketgegner« stark und unterstützen den Standpunkt von Peter Brugger. Wie in der Brandung gehen die rhetorischen Wogen hin und her. Bald scheint es, als ob die »Paketbefürworter« die Oberhand behielten, dann scheint sich das Blatt wieder zugunsten der »Paketgegner« zu wenden.

Magnago selbst legt seinen Standpunkt in einer leidenschaftlichen Rede dar. Er appelliert an die Delegierten, das »Paket« anzunehmen. *Die Partei kann nicht immer von Zukunftsmusik leben*, erklärt er, *ein Nein, auch wenn im guten Glauben ausgesprochen, wäre ein verhängnisvoller Fehler.* Demgegenüber betont Peter Brugger: *Wir vergeben uns nichts, wenn wir heute dieses Paket ablehnen und mit Rom noch weiter um eine bessere Lösung verhandeln.* Beide Redner erhalten am Ende ihrer Ausführungen stürmischen Beifall.

Inzwischen ist es im Kursaal von Meran schon später Abend geworden. Die Zeiger der Uhr am großen Zifferblatt gehen schon gegen Mitternacht, und noch immer melden sich Redner zu Wort, wollen das Steuer in die eine oder andere Richtung reißen. Nach vierzehn Stunden wird das Signal zum Ende der Debatte gegeben. Der Ausgang scheint noch völlig offen. Niemand im Saal wagt eine Prognose, als die Delegierten nach Mitternacht beginnen, in geheimer Wahl ihre Stimmzettel in die Urnen zu werfen. Die Spannung, die den ganzen Tag unvermindert angehalten hat, steigt beinahe ins Unerträgliche. Nun sind die Stimmenzähler am Werk. Stimme für Stimme wird ausgezählt, Pro und Kontra werden in die Waagschale gelegt, was wird am Ende mehr wiegen: die Argumente der Befürworter oder jene der Gegner?

Hauchdünne Mehrheit

Um halb drei Uhr früh ist es so weit. Das Ergebnis liegt vor und kann bekannt gegeben werden: 583 Delegierte stimmen für das »Paket« und 492 dagegen, 15 Delegierte stimmen mit Weiß, geben also keine Stimme ab. Damit ist das »Südtirol-Paket« mit einer knappen Mehrheit angenommen. Frenetischer Beifall brandet auf. Magnago erhebt sich von seinem Sitz, geht, auf seine Krücken gestützt, zum Rednerpult und dankt in bewegten Worten für die Unterstützung. Der Jubel will kein Ende nehmen. Die politischen Freunde gratulieren, die Gruppe um Peter Brugger ist enttäuscht. Doch da geschieht etwas Unerwartetes: Peter

Ein Bild, das Geschichte gemacht hat: Nach geschlagener »Paketschlacht« reichten sich Peter Brugger (rechts) und Silvius Magnago im Kursaal von Meran die Hände und signalisierten damit eine gemeinsame »Front« bei der Durchsetzung der »Paketbestimmungen«.

Brugger, der knapp Unterlegene, geht auf das Podium zu Magnago und drückt ihm die Hand. Scheinwerfer blitzen auf, im Saal brandet nochmals rauschender Beifall auf, der Händedruck zwischen den beiden Kontrahenten geht als historisches Ereignis – als zukunftsträchtiges Symbol – in die Geschichte ein. Es sollte damit deutlich werden, dass bei der Durchführung des »Pakets« wieder beide Gruppierungen in der SVP an einem gemeinsamen Strick ziehen wollen.

Nun fordern noch die wartenden Journalisten ihre Rechte ein. Sie ersuchen Silvius Magnago um eine Pressekonferenz. Der Obmann beantwortet ihre Fragen mit gelassener Ausführlichkeit. *Kein Beistrich*, so betont er, *dürfe an diesem Paket geändert werden, sonst wäre die Zustimmung der Landesversammlung hinfällig.* Der Wink mit dem Zaunpfahl nach Rom ist deutlich.

Inzwischen ist es 4 Uhr früh geworden. Die letzten Delegierten verlassen den Saal des Kurhauses. Silvius Magnago, der Obmann der SVP, nimmt seine Krücken, greift nach der Aktentasche und verlässt nachdenklich den Saal. Es war ein großer Tag für ihn. Aber der Tag danach hat bereits begonnen, der Tag, an dem um die loyale Durchführung des »Pakets« gerungen werden muss. Und dieses Ringen dauert noch viele Jahre …

Südtirol nach 1969

Der Autonomie-Zug kommt in Bewegung

Mit der Genehmigung des »Pakets« war der Weg frei für ein neues, erweitertes Autonomiestatut, das jenes aus dem Jahre 1948 ablösen sollte. Erforderlich war dazu die Abänderung der italienischen Verfassung mit einer Zweidrittelmehrheit und zwei Lesungen sowohl in der Abgeordnetenkammer als auch im Senat, denn das neue Autonomiestatut sollte ebenso wie das frühere ein italienisches Verfassungsgesetz sein. Damit konnte verhindert werden, dass das Statut mit einer möglicherweise von rechtsgerichteten Parteien in die Wege geleiteten Volksabstimmung wieder rückgängig gemacht würde. Der in diesem Zusammenhang zwischen Bozen, Wien und Rom vereinbarte Terminkalender wurde prompt eingehalten: Das neue Autonomiestatut trat am 20. Jänner 1972 in Kraft.

Innerhalb von zwei Jahren ...

Nun konnte der Autonomiezug sozusagen seine Fahrt beginnen. Der Fahrplan war fixiert. Es ging jetzt darum, die einzelnen »Paketbestimmungen« im politischen Alltag zu verankern, das heißt: Es mussten die aus dem »Paket« resultierenden Gesetze verabschiedet werden. Mit der Durchführung der einzelnen »Paketbestimmungen« wurden zwei Kommissionen betraut: Eine Sechserkommission war zuständig, soweit es sich um neue Kompetenzen der Autonomen Provinz Bozen handelte, und eine Zwölferkommission hatte die für die Region Trentino-Südtirol vorgesehenen Zuständigkeiten zu beraten und der Regierung in Rom für die endgültige Genehmigung vorzuschlagen. In Kraft gesetzt werden sollten die von den Kommissionen erarbeiteten Vorschläge dann schließlich mit einer Verfügung des Präsidenten der Republik. Innerhalb

Alfons Benedikter (rechts im Bild) war erbitterter Widersacher von Silvius Magnago bei der »Paketabstimmung«. Danach zog der Landesrat mit Magnago an einem Strick und war an der Ausarbeitung zahlreicher Durchführungsbestimmungen zum »Südtirol-Paket« maßgeblich beteiligt.

von zwei Jahren – so lautete der administrative Fahrplan im Jahr 1972 – sollten alle Durchführungsbestimmungen unter Dach und Fach sein, was bedeutet hätte, dass das neue Autonomiestatut bis zum Jahr 1974 in allen Details voll wirksam gewesen wäre.

Dieser Terminplan konnte nicht eingehalten werden. Die vielen Sachbereiche erwiesen sich als zu kompliziert, und die »Paketpalette« war insgesamt so umfangreich, dass sie in dieser relativ kurzen Zeitspanne nicht erledigt werden konnte. Die SVP stimmte deswegen einer Verlängerung der Termine zu. Obmann Silvius Magnago und seine Mitarbeiter vertraten den Standpunkt, dass eine gewissenhafte Prüfung aller Details allemal besser sei – auch wenn sie Zeit kostet – als ein übers Knie gebrochenes »Paket«, das möglicherweise schon revisionsbedürftig ist, ehe es richtig aus der Taufe gehoben ist. Der »Paket-Zug« fuhr zwar langsam, aber er fuhr.

Unter vielen Südtirolern breitete sich Optimismus aus. Man hatte jetzt das Gefühl, im eigenen Hause die »Res publica« weitgehend nach eigenen Vorstellungen gestalten zu können. Und auch unter Italienern war vielfach eine autonomiefreundliche Stimmung zu verspüren. Die Zeichen für ein friedliches Neben- und Miteinander im autonomen Hause standen günstig.

Ethnischer Proporz

Von besonderer Bedeutung für die Südtiroler waren die Mitte der 1970er Jahre rechtswirksam gewordenen Durchführungsbestimmungen über den **ethnischen Proporz** und die **Zweisprachigkeit** im öffentlichen und halböffentlichen Dienst. Der ethnische Proporz sicherte die Zuteilung von Stellen in vielen Bereichen des öffentlichen Dienstes nach der numerischen Stärke der Volksgruppen. Damit wurde für die Südtiroler, die bislang vom Staatsdienst weitgehend ausgesperrt geblieben waren, ein bereits im Pariser Vertrag verankertes Grundrecht wirksam. Zudem wurde damit wenigstens tendenziell eine der gröbsten faschistischen Unrechtstaten wiedergutgemacht. Als endgültiger Termin für die Durchführung des ethnischen Proporzes wurde freilich erst das Jahr 2007 vereinbart.

Sozialwohnungen und Zweisprachigkeit

Dieselbe Regelung wie für den öffentlichen Dienst sollte fürderhin auch bei der Zuteilung von öffentlich geförderten Sozialwohnungen gelten, die bisher in Südtirol auch zu einem überwiegenden Teil Italienern vorbehalten waren. Die Durchführungsbestimmung über die Zweisprachigkeit macht die in einer amtlichen Prüfung dokumentierte Kenntnis der beiden Landessprachen zur Grundvoraussetzung für die Teilnahme an Wettbewerben zur Besetzung von Beamtenstellen in vielen Bereichen des öffentlichen und halböffentlichen Dienstes. Für die

Italiener in Südtirol bedeutete dies im Klartext, dass sich beispielsweise nur jene für eine Stelle in der Landesverwaltung, in den öffentlichen Krankenhäusern oder bei verschiedenen staatlichen Stellen bewerben konnten, die vorher den Nachweis über die Kenntnis der deutschen Sprache erbringen konnten. Dieselben Bedingungen bei dieser Regelung gelten auch für die Deutschen.

Allerdings taten sich viele Italiener mit dem Erlernen der deutschen Sprache wesentlich schwerer als Deutsche mit dem Erlernen der italienischen, so dass die Durchfallquoten bei den Zweisprachigkeitsprüfungen unter Italienern um einiges höher lagen als bei den deutschen Bewerbern. Für gar manche Italiener bedeutete diese Durchführungsbestimmung deswegen eine kalte Dusche, zumal italienische Politiker im Land auch nach der »Paketgenehmigung« kaum Motivationsarbeit für das Erlernen der deutschen Sprache leisteten. Viele meinten wohl, dass das mit der deutschen Sprache wohl nicht so preußisch ernst zu nehmen sein werde. Die Politiker der SVP dagegen pochten auf eine konsequente Einhaltung der einschlägigen Durchführungsbestimmung. Die Südtiroler waren gebrannte Kinder des ersten Autonomiestatutes, und sie wollten sich nicht nochmals um die Früchte der Autonomie prellen lassen.

Autonomie – auch Schutzschild für Italiener

Die Italiener in Südtirol erkannten nun immer mehr, dass Autonomie auch mit Teilen verbunden war – mit dem Teilen jener Privilegien, die sie bisher wie selbstverständlich fast allein genossen hatten und die nun auch den Deutschen eingeräumt werden mussten, beispielsweise in dem mit öffentlichen Mitteln geförderten Wohnbau oder bei den staatlichen Stellen. Das implizierte unweigerlich auch Verzicht und markierte für viele Italiener eine völlig neue Situation. Die wenige Jahre zuvor noch weit verbreitete euphorische Stimmung für die Autonomie schlug ziemlich rasch in Widerstand und Ablehnung um. Dabei wurde keineswegs anerkannt, dass die Kenntnis der beiden Landessprachen in einem Grenzland, wie es Südtirol ist, auf alle Fälle ein gewaltiges Plus für Bewerbungen im Handel und in der Industrie darstellt. Ebenso wenig wurde anerkannt, dass der Proporz auch ein Schutzschild für in

Südtirol ansässige Italiener vor Konkurrenten aus anderen Provinzen des Staates ist, die sich in Südtirol mangels Kenntnis der deutschen Sprache nicht um einen Posten im öffentlichen Dienst bewerben können. In südlicheren Regionen melden sich bei öffentlichen Wettbewerben nicht selten Zehntausende von Kandidaten – so beispielsweise in Turin oder in Neapel für die Besetzung von einem Dutzend Handlangerstellen bei der Eisenbahn oder bei der Post. In Südtirol werden die meisten Wettbewerbe auf Landesebene ausgeschrieben, und nur jene Italiener können zugelassen werden, die beide Landessprachen beherrschen.

Der zunehmende Widerstand von Italienern in Südtirol gegen die im Sinne des »Pakets« erlassenen Durchführungsbestimmungen schlug Anfang der 1980er Jahre bis Rom durch, wo die weitere Durchführung des zehn Jahre zuvor verabschiedeten »Pakets« nun vollends auf Eis gelegt wurde. Das änderte verständlicherweise auch das politische Klima in Südtirol. Wie ein Raureif im Frühling legte sich das römische »Njet« auf die junge, noch zarte Pflanze der neuen Autonomie. Die SVP beharrte mit Nachdruck auf die Erfüllung der im »Paket« eingegangenen Versprechungen und war nicht bereit, über eine Revision bereits erlassener Durchführungsbestimmungen mit sich reden zu lassen, bevor nicht der gesamte »Paket-Zug« seine Endstation erreicht hatte. Und im »Paket« waren noch andere wesentliche Bestimmungen leere Buchstaben wie die Gleichberechtigung der deutschen Sprache mit der italienischen bei Gericht und bei der Polizei, die Errichtung einer autonomen Sektion des Verwaltungsgerichtshofes in Bozen und die Finanzregelung, ohne die auch die besten Durchführungsbestimmungen nur graue Theorie bleiben mussten.

Wahlerfolge von MSI (AN)

Unter vielen Italienern in Südtirol machte sich indessen unterschwellig Angst breit. Sie fürchteten, dass sie mit der Autonomie um ihre existenziellen Lebensrechte gebracht würden. Diese Angst wusste vor allem jene Partei geschickt für ihre Zwecke zu nutzen, die im rechten politischen Spektrum angesiedelt ist und deren Funktionäre sich bisweilen nicht ungern auf Benito Mussolini berufen. Es ist dies der

neufaschistische MSI (Movimento Sociale Italiano), der in den meisten
italienischen Regionen bei einem Stimmenanteil von rund fünf Prozent
liegt, in Südtirol jedoch bei den Gemeindewahlen im Jahr 1985 und bei
den Parlamentswahlen 1988 und bei den Landtagswahlen im gleichen
Jahr einen gewaltigen Stimmenzuwachs erreichen konnte.

Die Stimmengewinne der mittlerweile vom MSI zur Alleanza
Nazionale (AN) gemauserten Partei gingen vor allem auf Kosten
der damaligen Christdemokraten – diese Partei ist unter der Last der
Schmiergeldaffären der 1990er Jahre praktisch von der politischen Landkarte Italiens verschwunden und heute in verschiedene Zweige des
politischen Zentrums aufgesplittert. Auch die Kommunisten mussten
schwere Einbußen hinnehmen. Christdemokraten und Kommunisten
waren sogenannte »Paket-Parteien«, die 1971 im römischen Parlament
für die Abänderung der Verfassung zur neuen Südtirolautonomie gestimmt hatten. Aber diesen Parteien gelang es in zwanzig Jahren nicht,
die Italiener in Südtirol von den Vorteilen der Südtirolautonomie auch
für die italienischen Wähler zu überzeugen.

Südtirol ist auch jene Provinz Italiens, in der im Verhältnis zur Bevölkerung weitaus am meisten öffentliche Gelder in den geförderten
Wohnbau investiert werden und wo auch viele andere öffentliche Strukturen vergleichsweise sehr gut funktionieren. Das wird von objektiven
italienischen Journalisten aus anderen Provinzen, die immer wieder zu
Besuch im Lande weilen, auch anerkannt und gewürdigt. So hat die
römische Tageszeitung »La Repubblica« in einer Reportage Anfang der
1990er Jahre festgestellt, dass die öffentlichen Krankenhäuser wegen
ihrer großzügigen personellen und materiellen Ausstattung beispielge-
bend für ganz Italien seien. *Man kann sie mit Hotels der Spitzenklasse ver-
gleichen*, schrieb der Korrespondent. Aber auch diese Vorzüge des Landes konnten offensichtlich vielen Italienern von den »Paket-Parteien«
nicht überzeugend genug vermittelt werden, sodass sie mehrheitlich
auch in den 1990er Jahren ihr Glück in den populistischen Versprechungen der Rechtsparteien suchten. Diese Versprechungen laufen
auf eine radikale Revision des zweiten Autonomiestatutes zugunsten
der Italiener in Südtirol hinaus, die jedoch beim gegenwärtigen Stand
der politischen Situation nicht einen Funken Aussicht auf Erfolg haben.

Stabwechsel von Silvius Magnago zu Luis Durnwalder

Die Landtagswahlen des Jahres 1988 brachten indes eine einschneidende personelle Veränderung in der politischen Landschaft Südtirols. Der langjährige SVP-Parteiobmann und Landeshauptmann Silvius Magnago kandidierte nicht mehr für den Landtag und übergab das Zepter der Landespolitik dem um fast 30 Jahre jüngeren bisherigen Landesrat für Landwirtschaft, Luis Durnwalder. Bereits vor den Landtagswahlen, die von einer Reihe von bis heute nicht vollends aufgeklärten Bombenanschlägen begleitet worden waren, waren angesichts der dramatischen Wahlerfolge des neufaschistischen MSI deutliche Signale einer Kurskorrektur spürbar geworden. In Rom kamen die Verhandlungen über die weitere Durchführung der Autonomie, die vom sozialistischen Ministerpräsidenten Bettino Craxi systematisch eingefroren worden waren, allmählich wieder in Gang, und in Bozen wurde 1989 durch eine Revision des Koalitionsabkommens die Position der mit der SVP in der Landesregierung verbündeten Christdemokraten und Sozialisten gestärkt. Wortführer der SVP-Delegation war der noch bis 1991 amtierende Obmann der Südtiroler Volkspartei, Silvius Magnago.

Der neue Landeshauptmann Luis Durnwalder stellte schon in seiner ersten Regierungserklärung im Landtag im März 1989 klar, dass er den Dialog mit den Italienern im Lande zielstrebig suchen wolle. Und bereits im ersten Jahr seiner Amtstätigkeit hat er sein Versprechen auch mehrmals eingelöst, sodass ihm italienische Journalisten eine Politik des Lächelns bescheinigten. Konsequent hat Durnwalder auch die Beziehungen zur Provinz Trient auf eine neue Ebene gestellt, ohne dabei die traditionell engen Kontakte zu Nordtirol deswegen zu vernachlässigen. Mit dieser Strategie der Offenheit und Aufgeschlossenheit in alle Richtungen versuchte Landeshauptmann Durnwalder den rechtsradikalen Kräften das Wasser abzugraben und den Einfluss der gemäßigten politischen Kräfte in der italienischen Volksgruppe in Südtirol zu stärken.

Das neue Tauwetter hatte auch in Rom Wirkung gezeigt. Bereits vor den Landtagswahlen – im Mai 1988 – wurden von der römischen Regierung mehrere Durchführungsbestimmungen zum »Paket« genehmigt, wobei jene über die Gleichberechtigung der deutschen Sprache mit der italienischen bei Gericht und im Umgang mit der Polizei für die Südtiroler von besonderem Gewicht waren. Bereits vorher verabschiedet worden war die Bestimmung, welche die Errichtung eines autonomen Verwaltungsgerichtshofes in Bozen zum Inhalt hat. Unter Dach und Fach kam jetzt auch die Durchführungsbestimmung über die Finanzautonomie, womit das autonome Haus auf eine solide wirtschaftliche Grundlage gestellt wurde. Es folgten die Durchführungsbestimmungen über die Errichtung einer autonomen Sektion des Oberlandesgerichtshofes von Trient in Bozen, eines Jugendgerichtes in Bozen und die Beibehaltung des ethnischen Proporzes bei der mittlerweile rechtlich neu geregelten Eisenbahnverwaltung. Erfolgreich verliefen auch die Verhandlungen über die Neueinteilung der Senatswahlkreise in der Provinz Bozen, die ebenfalls im 1969 verabschiedeten »Paket« vereinbart worden war und die den Südtirolern zwei Senatoren garantiert. Südtirol bekam im Zuge der Verhandlungen sogar die Möglichkeit, einen dritten Senator nach Rom zu entsenden. Und auch für die überaus harte Nuss der von der SVP heftig befehdeten staatlichen Koordinierungs- und Ausrichtungsbefugnis wurde 1992 eine einvernehmliche Lösung erzielt. Mit dieser Befugnis hätte die römische Regierung ohne viel Aufwand mittels staatlicher Rahmengesetze wesentliche Bestimmungen der Autonomie aus den Angeln heben können.

Am 30. Jänner 1992 – fast auf den Tag genau zwanzig Jahre nachdem das zweite Autonomiestatut in Kraft getreten war – erklärte Ministerpräsident Giulio Andreotti im römischen Parlament, dass die italienische Regierung nunmehr allen Pflichten nachgekommen sei, die aus dem 1969 von der legendären Landesversammlung der SVP in Meran genehmigten »Südtirol-Paket« resultieren. Außerdem erklärte er bei dieser Gelegenheit ausdrücklich, dass die getroffenen Vereinbarungen nur mit Zustimmung der Südtiroler Landesregierung abgeändert werden dürfen. Dadurch sollte die Angst vieler Südtiroler zerstreut werden, dass die

Silvius Magnago kandidiert im November 1988 nicht mehr für den Südtiroler Landtag.
Sein Nachfolger als Landeshauptmann wird Luis Durnwalder.

»Paketmaßnahmen« nach der Streitbeendigungserklärung von Rom
wieder zurückgenommen werden könnten. Nun sei es an der Zeit, so
Andreotti, einen endgültigen Schlussstrich unter ein jahrzehntelanges
Ringen zu ziehen. Dieser Schlussstrich wurde am 11. Juni 1992 mit der
Abgabe der Streitbeilegungserklärung durch Österreich – mit Italien
die Signatarmacht des Pariser Vertrages – gezogen. Österreich erklärte
gegenüber Italien den formellen Abschluss der Südtirol-Verhandlungen.
Diese Erklärung entsprach der von der UNO 1961 ausgesprochenen
Forderung, dass Italien und Österreich mittels Verhandlungen Wege
suchen sollten, das »Südtirol-Problem« einvernehmlich zu lösen. Bevor
die österreichische Regierung diese Streitbeilegungserklärung bei der
UNO deponierte, hatten die Südtiroler Volkspartei auf einer außerordentlichen Landesversammlung am 30. Mai 1992 in Meran, der Tiroler

Der frischgebackene Landeshauptmann Luis Durnwalder
bei seiner ersten Regierungserklärung im Südtiroler Landtag
am 10. März 1989.

Landtag am 4. Juni und der Österreichische Nationalrat am 5. Juni der Abgabe dieser Erklärung vor der UNO zugestimmt.

Am 1. Oktober 1993 erklärte der damalige österreichische Außenminister Alois Mock vor der UNO-Vollversammlung in New York, dass in Südtirol auch nach der Streitbeilegungserklärung Österreichs gegenüber Italien noch einige Probleme offengeblieben sind und mit der Dynamik der Entwicklung neue Probleme hinzutreten können. Damit hat Mock das Signal für ein Stichwort gegeben, das die politische Diskussion in Südtirol von den 1990er Jahren bis heute nachhaltig geprägt hat. Die Rede ist von der dynamischen Autonomie, womit deutlich gemacht werden soll, dass das Autonomiestatut aus dem Jahre 1972 nicht als festes Korsett zu betrachten ist, sondern als ein Instrument, mit dem die Lebensrechte der Südtiroler im Staate Italien gesichert werden sollen. Neue Zeiten bringen neue Probleme und fordern neue Lösungsansätze, wollte der Minister sagen. Diese Interpretation entspricht dem Geist des Pariser Vertrages, der abgeschlossen worden ist, um die kulturelle und wirtschaftliche Existenz der Südtiroler in Italien zu garantieren. Der Fortbestand der Südtiroler erscheint heute auch durch die europäische Entwicklung in einem günstigen Licht. Europa wächst zusammen, wenn auch unter hundert Schwierigkeiten. Die Grenze am Brenner, am Reschen und bei Innichen ist fast nur mehr ein dünner Strich auf der Landkarte, und historische Landschaften entdecken ihre in Jahrhunderten entwickelten kulturellen Gemeinsamkeiten wieder neu. Grenzbarrieren,

Im Februar 1991 legt Silvius Magnago auch den Parteivorsitz der SVP zurück. Sein Nachfolger wird Roland Riz.

Schlussstrich unter das »Paket«: Der österreichische Außenminister Alois Mock (links) übergibt dem italienischen Botschafter in Wien, Alessandro Quaroni, am 11. Juni 1992 die Streitbeilegungserklärung.

die am Ende des Ersten Weltkrieges am politischen Reißbrett von den Siegern willkürlich gezogen worden sind, werden damit praktisch hinfällig. Das ist auch eine große Chance für Südtirol jenseits der gewiss notwendigen Absicherung der Autonomie durch Paragrafen und Gesetze. Diese Chance wurde auch von Landeshauptmann Durnwalder wahrgenommen, indem er sich mit Begeisterung und Überzeugung für die Gründung der Europaregion Tirol-Südtirol-Trentino einsetzte. Diese wurde schließlich im Jahr 2011 offiziell mit Sitz in Bozen ins Leben gerufen. Durnwalder war der 1. Präsident dieser Euregio.

Durnwalder – der »Macher«

Als im Jahre 1991 Silvius Magnago nach 34-jähriger Regentschaft auch als Parteiobmann der SVP zurücktrat, verlagerte sich das Zentrum der Macht fast vollends von der Parteizentrale in das Palais Widmann, wo Luis Durnwalder als Landeshauptmann seinen Amtssitz hatte. Nachfolger von Magnago als Parteiobmann wurde für eine kurze Zwischenzeit der langjährige römische Parlamentarier Roland Riz und dann – ab 1993 – Siegfried Brugger, für den es nicht leicht war, sich aus dem Schatten von Durnwalder zu befreien und eigenes Profil zu gewinnen. Brugger, Parlamentarier in Rom, führte die Partei bis April 2004. Er trat – 51-jährig – zurück, *um einem Jüngeren Platz zu machen.* Dieser Jüngere war der damalige Bozner Vizebürgermeister Elmar Pichler-Rolle (Jahrgang 1960).

Luis Durnwalder ist ein »Macher«, ein Mann der Tat und der bisweilen schnellen Entscheidungen. Sein pragmatisches Ziel war es, das Haus der Autonomie wohnlicher zu machen. War zu den Zeiten von Magnago fast ausschließlich sein langjähriger Stellvertreter Alfons Benedikter in Sachen Autonomie Chefunterhändler in Rom, so nahm Durnwalder das Heft nun selbst in die Hand und erzielte im Labyrinth der römischen Ministerien Erfolge am laufenden Band.

In Rom wehte indes in den 1990er Jahren lange ein günstiger Wind, zumal die den Südtirolern traditionell wohlgesinnten Mitte-links-Regierungen auch Maßnahmen zugunsten der Autonomie setzten, die über die »Paketvereinbarungen« des Jahres 1969 hinausgingen.

Das Land Südtirol erhielt 1996 Kompetenzen im Bereich der Schule. So war nun die Landesregierung bei der Erstellung des Schulkalenders und der Schulprogramme zuständig. Auch die rechtliche und wirtschaftliche Behandlung des Lehrpersonals oblag jetzt weitgehend dem Land Südtirol.

Eine Universität in Bozen war bereits in den beginnenden 1990er Jahren ein zentrales Anliegen von Landeshauptmann Durnwalder, das er behutsam und konsequent verfocht. Als schließlich im Jahre 1997 die

Ein großer Tag für Luis Durnwalder: der Landeshauptmann bei der Grundsteinlegung zur »Freien Universität Bozen« im Jahre 1997

»Alma Mater Bauzensis« aus der Taufe gehoben wurde, war ein Markstein für die Bildungspolitik in Südtirol gesetzt. Vorausgegangen war ein stellenweise hartes Ringen zwischen Befürwortern und Gegnern, wobei die Gegner vor allem volkstumspolitische Argumente ins Feld führten. Sie waren von der Sorge getragen, dass eine Universität in Bozen ein Sprungbrett für eine Italianisierung Südtirols werden könnte. Durnwalder teilte diese Bedenken nicht, er war der Meinung, Südtirol sei nun stark und selbstbewusst genug, um eine Universität zu verkraften, und zudem brauche es eine solche, um den Anschluss an die großen geistigen und technischen Entwicklungen unserer Zeit nicht zu verpassen. Dass die Uni in Bozen eine sogenannte »Freie Universität« wurde und drei Sprachen – Deutsch, Italienisch und Englisch – gleichberechtigt Unterrichtssprachen wurden, war für Durnwalder eine Garantie, dass die Befürchtungen der Gegner nicht begründet waren. Die Entwicklung der Universität hat ihm recht gegeben.

Außerdem wurde eine Durchführungsbestimmung erreicht, welche vorsieht, dass wesentliche Zuständigkeiten im Bereich der Motorisierung wie z. B. die Ausstellung der Führerscheine, Kollaudierungen der Kraftfahrzeugscheine und die Führung von mehreren Registern im Bereich des Transportwesens an das Land Südtirol übergehen.

Eine weitere Bestimmung sah den Übergang von Vermögensgütern und Kulturdenkmälern an das Land Südtirol vor. Diese Durchführungsbestimmung war auch ein willkommener Anlass, das politische Problem der »Beinhäuser«, das sogenannte »Siegesdenkmal« und faschistische Relikte am Finanzgebäude in Bozen zu entschärfen. An den Ossarien wurden Aufklärungstafeln in mehreren Sprachen angebracht, das Siegesdenkmal wurde durch ein Museum über den Faschismus und Nationalsozialismus politisch entschärft, und für die »ideelle« Entfernung des Mussolinireliefs wurde die Zustimmung des zuständigen Ministeriums in Rom erreicht und ein internationaler Wettbewerb durchgeführt, sodass die notwendigen Arbeiten zur Entschärfung dieses faschistischen Relikts durchgeführt werden können.

Ein wichtiger Erfolg war auch die Delegierung der Staatsstraßen an das Land. Dadurch konnten die notwendigen Instandhaltungs- und Ausbauarbeiten, vor allem aber die schon lange geforderten Dorfumfahrungen errichtet werden. Auch die Schnellstraße Meran–Bozen, MeBo,

Luis Durnwalder – tatkräftig, überzeugend und bisweilen auch recht hemdsärmelig

konnte endlich zielstrebig angegangen und fertiggestellt werden. Durch den Übergang der Zuständigkeiten des Lokaltransportes an das Land konnten auch die lokalen Strukturen der Eisenbahn wie z. B. Vinschger Bahn und Pustertaler Bahn mit den dazugehörigen Bahnhöfen saniert und ausgebaut werden. Durch diese Zuständigkeiten im Bereich der Mobilität konnte das Land mit einem weitverzweigten Netz von öffentlichen Bus- und Zugverbindungen bis ins letzte Dorf erschlossen werden. Durnwalder war auch der Motor bei der Realisierung des Brennerbasistunnels, dessen Bau nun in vollem Gange ist. Die Fertigstellung ist für das Jahr 2026 geplant. Dann wird Südtirol in der Nord-Süd-Achse im Herzen Europas bestens verbunden sein.

Weniger erfolgreich war das Projekt Ausbau des Flughafens Bozen. Durnwalder war aus Gründen der Erreichbarkeit ein Befürworter eines funktionellen Flughafens in Bozen, der auch internationale Verbindungen möglich machen sollte. Dieses Projekt ist gescheitert, weil in der Folgezeit bei einer Volksbefragung eine deutliche Mehrheit gegen einen Ausbau des Airports Dolomiten mit Landesunterstützung stimmte.

Wichtig war auch die Durchführungsbestimmung über den Übergang der Zuständigkeit für alle Wasserläufe in Südtirol an das Land, was die Grundvoraussetzung für einen Landeswassernutzungsplan und für eine möglichst eigenständige Energiepolitik war. Dies war auch die Grundlage für die Verhandlungen mit den großen Stromproduzenten Enel und Edison und für die Errichtung einer eigenen Landesenergiegesellschaft und vielen Wasserelektrowerken von Gemeinden und auch privaten Stromerzeugern. Auf dieser Grundlage konnte in der Folgezeit auch eine Fusion mit den Etschwerken erreicht werden.

Neben diesen genannten wichtigen Durchführungsbestimmungen wurden auch noch andere Gesetzesmaßnahmen und Zugeständnisse von Rom im Interesse einer autonomen Verwaltung und Gesetzgebung des Landes erreicht.

Diese neuen Errungenschaften erlaubten dem Land Südtirol eine eigenständige Politik, die auf die speziellen Verhältnisse in unserem Lande Rücksicht nahm und auch von der Bevölkerung verstanden und mitgetragen wurde. Durch diese neue Landespolitik konnten sich nicht nur die Städte und Zentren, sondern auch die ländlichen Gebiete positiv entwickeln. Die Lebensverhältnisse der ländlichen Gebiete konnten durch die Sanierung der einzelnen Höfe und Wohnungen und durch den Bau zeitgemäßer Zufahrtswege, Wasserleitungen, Stromleitungen und Telekommunikationsstrukturen verbessert werden. Durch die dezentralisierte Ansiedlung von Klein- und Mittelbetrieben in den einzelnen Tälern wurden Arbeitsplätze für Arbeiter und Neben- und Zuerwerbsbauern geschaffen. Die Errichtung von Schulzentren in den peripheren Gebieten des Landes und der Ausbau des öffentlichen Personenverkehrsnetzes und des Schülertransportes schafften die Voraussetzungen für eine zeitgemäße Ausbildung, auch der ländlichen Bevölkerung. Die getroffene Finanzierungsregelung ermöglichte es zudem, in den einzelnen Dörfern und Bezirken die notwendigen kulturellen, wirtschaftlichen und sozialen Strukturen zu errichten. Diese gezielten Maßnahmen verhinderten die Abwanderung aus den Berggebieten und garantierten Vollbeschäftigung. Es gelang damit, die Wohnverhältnisse im Besonderen und die Lebensqualität im Allgemeinen im ländlichen Raum zu steigern. Damit wurden lebendige Dörfer erhalten, wo sich das Zusammenleben von verschiedenen sozialen Gruppen und der Vereine und Verbände positiv entwickeln konnte. Noch nie wurden in Südtirol so viele Kindergärten, Schulen, Krankenhäuser, Jugend- und Altersheime, Vereinshäuser, Sportstätten, Rathäuser, Sozialwohnungen, Umweltanlagen und Ähnliches gebaut wie in den abgelaufenen zwanzig bis dreißig Jahren.

Eine Verbesserung der Südtirolautonomie brachte auch die Verfassungsänderung von 2001. Die im Autonomiestatut vorgesehenen sekundären und tertiären Kompetenzen sollten in primäre umgewandelt werden. Was die Region anbelangt, so wurde das Prinzip, dass die Region sich in zwei autonome Provinzen unterteilt, umgekehrt, und zwar in der Form, dass die beiden autonomen Provinzen die Region bilden. Ab diesem Datum wurden die Regionalratsabgeordneten nicht mehr als solche, sondern als Landtagsabgeordnete gewählt. Die vom Landtag beschlossenen Gesetze wurden nicht mehr vom Regierungskommissär, sondern vom Landeshauptmann veröffentlicht. Die Ladiner sollten unabhängig von ihrer Stärke im Südtiroler Landtag in Abweichung von der üblichen Proporzregelung Zugang zur Landes- und Regionalregierung sowie zu den Präsidien des Südtiroler Landtages und des

Landeshauptmann Luis Durnwalder weilte oft zu Verhandlungen über die Erweiterung der Südtirolautonomie in Rom und ist dort auch mehrmals mit Staatspräsident Giorgio Napolitano zusammengetroffen. Napolitano ist ein großer Freund Südtirols und hat immer wieder im Sommer den Urlaub in unserem Land verbracht.

Regionalrates haben. Alles, was die Regionen mit Normalstatut erhalten, sollen automatisch auch die Regionen mit Sonderstatut erhalten. Diese Abänderung war auch die Voraussetzung, dass in Zukunft kein eigener Präsident der Region ernannt wird, sondern dass die beiden Landeshauptleute, aber auch mehrere Landesräte Präsidenten oder Mitglieder der Regionalregierung sein können.

Durnwalder wollte in seinen Gesprächen und Verhandlungen mit der römischen Regierung klarmachen, dass die Autonomie Südtirols nicht mit jener der anderen autonomen Regionen gleichgestellt werden darf. *Die Südtirolautonomie ist eine ganz spezielle Autonomie,* erklärte er immer wieder. Während die anderen Autonomien nur auf ein Verfassungsgesetz des italienischen Parlaments zurückzuführen sind und von diesem auch wieder abgeändert werden können, beruht die Südtirolautonomie auf einem internationalen Vertrag (dem Pariser Vertrag – dem Gruber-Degasperi-Abkommen), der Teil des italienischen Friedensvertrages ist. Deshalb kann diese Autonomie nicht einseitig vom italienischen Parlament abgeändert werden.

In diesem Zusammenhang stellt sich die Frage nach dem Selbstbestimmungsrecht der Südtiroler. Südtirol hat, so Durnwalder, trotz der 1992 abgegebenen Streitbeendigungserklärung und trotz neuer Durchführungsbestimmungen nie auf das Selbstbestimmungsrecht verzichtet. *Auf das Selbstbestimmungsrecht zu verzichten, wäre gar nicht möglich gewesen. Denn dieses stellt ein Grundrecht für alle Völker dar, und deswegen könnte Südtirol auch gar nicht darauf verzichten.* Wennschon dann ginge es um die konkrete Anwendung dieses grundsätzlichen Rechtes. *Südtirol hat durch die Autonomie ein weit reichendes inneres Selbstbestimmungsrecht erhalten, das es dem Land ermöglicht, unter der Einhaltung der verfassungsrechtlich festgelegten Grenzen eine eigenständige Politik zu gestalten.* Das äußere Selbstbestimmungsrecht bleibe im Sinne der UNO-Richtlinien trotz des Pariser Vertrages und der daraus resultierenden Autonomie selbstverständlich erhalten. Es könne aufgrund der vertraglichen Vereinbarungen zwischen Österreich und Italien nur dann ausgeübt werden, wenn Italien diese Verpflichtungen nicht einhielte, so Durnwalder.

Luis Durnwalder ist es in seiner Regierungszeit gelungen, viele Früchte der Autonomie zu ernten. Diese Früchte bringen vielen Menschen in Südtirol – Deutschen wie Ladinern und Italienern – auch

»persönliche Vorteile«. Grundsätzlich muss festgehalten werden, dass das Land Südtirol durch die Autonomie bzw. durch die Interpretation des Pariser Vertrages die Möglichkeit erhalten hat, eine eigenständige Politik für das Land Südtirol zu gestalten. Wurden früher in Rom Gesetze beschlossen, in denen vielfach keine Rücksicht auf die historischen, kulturellen, sozialen und wirtschaftlichen Verhältnisse in Südtirol genommen wurde, so hat sich das Blatt durch die Vielzahl von Durchführungsbestimmungen jetzt wesentlich verändert. *Durch die eigene Gesetzgebung in vielen Bereichen kann auf die konkreten Probleme Bezug genommen werden, und dadurch wird vermieden, daß an der Realität unseres Landes vorbei Politik betrieben wird.* Politik, so Durnwalder, ist die Lösung konkreter Probleme, *dies kann auf Landesebene wesentlich leichter geschehen als von außen.*

Das Blatt in Rom wendete sich mit dem Jahr 2001, als in der Ewigen Stadt nach Parlamentswahlen eine von Silvio Berlusconi geführte Mitte-rechts-Regierung ans Ruder kam. In dieser Regierung ist die vom neufaschistischen MSI zur rechtskonservativen Alleanza Nazionale gemauserte Partei des Gianfranco Fini Juniorpartner; Fini hatte noch im Jahre 1994 Benito Mussolini als einen der größten Politiker Europas bezeichnet. Fini hatte seine schwarzen Schatten bald abzustreifen versucht und gefiel sich in demokratischen Pflichtübungen. Es hatte in Rom in diesen Jahren manche Drohgebärden in Richtung Südtirol gegeben, aber dabei ist es geblieben. Substanzielle Abstriche von der Autonomie wurden nicht getätigt.

Zwiespältige Signale

Luis Durnwalder, dessen Popularitätskurve von Landtagswahl zu Landtagswahl in schwindelerregende Höhen stieg und der bei den Wahlen im Oktober 2003 die »astronomische« Zahl von über 110.000 Vorzugsstimmen auf sich vereinen konnte, gelang es auch, mit vielen Italienern im Lande ein entkrampfteres Verhältnis aufzubauen. Sogar von der Alleanza Nazionale auf Landesebene kamen gelegentlich autonomiefreundliche Signale; allerdings hatte dieser unauffällige Trend einen jähen Dämpfer erhalten, als in Bozen 2002 der Siegesplatz in

Friedensplatz umbenannt werden sollte. Dieser Platz mit dem dazuge-
hörenden, von den Faschisten 1928 errichteten Siegesdenkmal ist ein
nationalistisches »Heiligtum« vieler Italiener in Bozen. Mit dem neuen
Namen sollte ein Signal für die Zukunft in einem neuen Europa gesetzt
werden. Aber die Scharfmacher der Alleanza Nazionale erzwangen eine
Volksabstimmung, bei der sich über 60 Prozent der wahlberechtigten
Bozner Bevölkerung für die Rückbenennung aussprachen. – Anderseits
hatte Durnwalder bei den Landtagswahlen 2003 und 2008 auch einige
Tausend Stimmen aus dem italienischen Lager erhalten.

Mit dem überwältigenden Wahlerfolg von Landeshauptmann Luis
Durnwalder kontrastiert das Abschneiden der SVP bei den Landtagswahlen im Jahre 2008, die in ländlichen Gegenden teilweise Einbußen
bis zu zehn Prozent und darüber hinaus hinnehmen musste. Nur durch

Luis Durnwalder mit der deutschen Bundeskanzlerin Angela Merkel im Bundeskanzleramt in
Berlin im Jahre 2008

Luis Durnwalder, ein
passionierter Jäger

überraschende Erfolge vor allem in Bozen, Meran und Leifers konnte das
Ergebnis der Wahlen von 2003 knapp gehalten werden. Für Durnwalder
war es insofern wieder ein schlagender Erfolg, als er im Verhältnis zum
mäßigen Abschneiden der SVP noch deutlicher brillierte als fünf Jahre
zuvor. Ohne seine Zugkraft hätte die SVP damals wohl noch deutlich
mehr Federn lassen müssen. Die SVP, die im Jahre 2003 auf etwas über
167.000 Stimmen kam, erreichte fünf Jahre später (2008) nur mehr 146.500
Stimmen. Durnwalder erzielte 2003 110.000 Stimmen, fiel 2008 lediglich
um 12.000 Stimmen auf knapp 98.000 Stimmen zurück.

Durnwalder ging auch die letzte Amtsperiode (2008–2013) seiner
Landeshauptmannschaft mit großer Tatkraft an. Wichtige Themen standen im Mittelpunkt seines weitgehend erfolgreichen Bemühens: der
vorläufige Abschluss der Finanzregelung mit dem Staat, die Ortsnamenregelung, der Brennerbasistunnel und der Flugplatz in Bozen.

Die Finanzregelung betrachtete Durnwalder als eine der wichtigsten Grundpfeiler für das Funktionieren der Verwaltung. Denn ohne Geld keine Musik, so lautete ein zentrales Motto des Landeshauptmannes. *Ohne finanzielle Absicherung bleibt die beste Autonomie toter Buchstabe.* In langwierigen Verhandlungen, die sich von 1989 bis ins Jahr 2009 hinzogen, wurde eine für Südtirol relativ günstige Lösung erzielt. Das Land wurde nicht mehr wie früher an den Ausgaben des Staates beteiligt, sondern an dessen Einnahmen. Im sogenannten »Mailänder Abkommen« wurde 2009 vereinbart, dass Südtirol grundsätzlich 90 Prozent aller in Südtirol eingehobenen Steuern und Gebühren erhalte und dass dem Land bei der Steuereinhebung ein wenn auch nur geringes Mitspracherecht eingeräumt werde.

Mit diesem Abkommen erhielt das Land Südtirol auch Zuständigkeiten bei der Festlegung – Reduzierung und Erhöhung – von gewissen Steuersätzen. So wurde ein festgelegter Betrag gewährt für die Übernahme zusätzlicher staatlicher Kompetenzen, z. B. bei der Neuordnung und dem Ausbau der Rai in Bozen, die in Rai Südtirol umgetauft wurde (mit besonderer Berücksichtigung der Ladiner), bei der Übernahme von Verwaltungszuständigkeiten in der Parkverwaltung Nationalpark Stilfser Joch, bei der Übernahme des Verwaltungspersonals bei Gericht und den Steueragenturen, bei der Finanzierung von Initiativen, welche die Zusammenarbeit mit Gemeinden anderer Regionen, die an Südtirol angrenzen, zum Inhalt haben, um die wichtigsten zu nennen.

In Sachen Sprache und Proporz, zwei weiteren Pfeilern der Autonomie, setzte sich Durnwalder erfolgreich dafür ein, dass die deutsche Sprache mit der italienischen und in den ladinischen Tälern auch die ladinische Sprache mit der deutschen und italienischen gleichgestellt wird. *Jeder Bürger sollte das Recht haben, bei allen öffentlichen Ämtern schriftlich und mündlich seine Muttersprache zu gebrauchen.* Das bezieht sich auf das Gericht, die Polizei, die Eisenbahn, die Konzessionäre eines öffentlichen Dienstes und die Ortsnamen. Bei der Frage der Ortsnamenregelung konnte Durnwalder in einem Abkommen mit den Ministern Raffaele Fitto und Graziano Delrio einen ersten positiven Schritt erzielen. Es wurde vereinbart, dass die Namen, die einen örtlichen geschichtlichen Hintergrund haben und auch nur als solche benützt werden, auch nur in deutscher Sprache verwendet werden. Das sind sehr viele Namen

Landeshauptmann Luis Durnwalder bei der Amtsübergabe an seinen Nachfolger
Arno Kompatscher im Jänner 2014

für Fluren, Weiler, Bäche, Wälder, Almen usw. Das Problem ist jedoch
bis heute (Juni 2017) nicht endgültig gelöst. Damit wurde das Prinzip
durchbrochen, dass Zweisprachigkeit auch Zweinamigkeit bedeutet.
Ein großer Erfolg für Durnwalder.

Bei den Landtagswahlen im Oktober 2013 stellte sich Luis Durnwalder
nicht mehr den Wählerinnen und Wählern. Damit endete in Südtirol eine
Ära – die Ära Durnwalder. Luis Durnwalder, der in die Fußstapfen von
Silvius Magnago getreten war, hat von den Grundlagen der Autonomie,
die Magnago als Landeshauptmann und als SVP-Parteiobmann in mü-
hevoller Kleinarbeit und mit unendlicher Geduld Stück für Stück den römischen Politikern abgerungen hatte, profitiert. Magnago repräsentierte
als schwer Kriegsversehrter gewissermaßen das leidende Südtirol, Luis
Durnwalder ging es ab 1988 um die »Sichtbarmachung« des Baums der
Autonomie, den Magnago gepflanzt hatte. Sein Ziel war es, das »Haus
Südtirol« wohnlicher, ja heimelig zu machen. Durnwalder tat dies mit

eherner Energie, mit diplomatischem Geschick, mit politischer Klugheit, mit Volksnähe, mit phänomenaler Detailkenntnis auch bei komplexen Themen und oft auch mit schnellen Entschlüssen. Wie es eben einem »Macher« seiner Art entspricht.

Das Erbe von Luis Durnwalder liegt jetzt in den Händen von Arno Kompatscher, der bei den Landtagswahlen im Oktober 2013 die Zahl von 81.107 Vorzugsstimmen erhielt. Am 9. Jänner 2014 wurde Kompatscher – damals 43-jährig – zum neuen Landeshauptmann von Südtirol gewählt. Sein Arbeitsmotto lautete bei der ersten Regierungserklärung: »Gutes bewahren, Neues wagen«. Damit hat Kompatscher das Feld markiert, auf dem er seine Politik gestalten will.

Zeittafel

1363	Tirol kommt zu Habsburg
1915	Italien erklärt Österreich-Ungarn den Krieg
1918	Anfang November Waffenstillstandsverhandlungen in der Villa Giusti
1919	Mit dem Friedensvertrag von Saint-Germain kommt Südtirol zu Italien
1922	»Marsch« der Faschisten auf Rom – Benito Mussolini übernimmt die Regierung
1923	Mit der »Lex Gentile« beginnt die Italianisierung der deutschen Schule
1928	In Bozen wird das faschistische Siegesdenkmal enthüllt
1935	Startschuss für den Bau der Industriezone in Bozen
1939	Unterzeichnung des Umsiedlungsabkommens in Berlin
1943	Waffenstillstand zwischen Italien und den Alliierten und Errichtung der Operationszone Alpenvorland
1945	Gründung der Südtiroler Volkspartei
1946	Unterzeichnung des Pariser Abkommens
1948	Erstes Autonomiestatut
1957	Silvius Magnago wird Obmann der SVP
1957	Bei der Großkundgebung in Sigmundskron wird das »Los von Trient« gefordert
1960	Silvius Magnago wird Landeshauptmann

1960/61	Das »Südtirol-Problem« wird vor der UNO behandelt
1961	In der »Feuernacht« werden aus Protest gegen die italienische Südtirolpolitik über hundert Hochspannungsmasten gesprengt
1961	Einsetzung der Neunzehnerkommission
1969	Verabschiedung des »Pakets« in Meran
1972	Das neue Autonomiestatut tritt als Verfassungsgesetz in Kraft
1976	Erlass der Durchführungsbestimmungen zu Proporz und Zweisprachigkeit
1989	Luis Durnwalder wird Landeshauptmann von Südtirol
1991	Silvius Magnago tritt als Obmann der SVP ab, Roland Riz wird sein Nachfolger
1992	Abgabe der Streitbeilegungserklärung und offizieller Abschluss der Südtirol-Verhandlungen
1993	Siegfried Brugger wird Obmann der SVP
2001	»Zeitenwende« in Rom – Silvio Berlusconi wird Ministerpräsident
2004	Elmar Pichler-Rolle wird neuer Obmann der SVP
2009	Richard Theiner, Landesrat für Gesundheitswesen, löst Elmar Pichler-Rolle als Obmann der SVP ab
2013	Nach der Wahl von Landesrat Hans Berger in den römischen Senat wird Richard Theiner stellvertretender Landeshauptmann
Okt. 2013	Luis Durnwalder stellt sich bei den Landtagswahlen nicht mehr der Wahl; damit endet eine Ära in Südtirol
2014	Arno Kompatscher wird im Jänner zum neuen Landeshauptmann von Südtirol gewählt
2014	Philipp Achammer (Jahrgang 1985) wird Obmann der SVP

Personenregister

Literaturhinweise

Benedikter, Hans: Silvius Magnago. Ein Leben für Südtirol, Bozen 1983

Corsini, Umberto/Lill, Rudolf: Südtirol 1918–1946, hrsg. von der Autonomen Provinz Bozen-Südtirol, Bozen 1988

Eisterer, Klaus/Steininger, Rolf (Hrsg.): Die Option. Südtirol zwischen Faschismus und Nationalsozialismus, Innsbruck 1989

Framke, Gisela: Im Kampf um Südtirol. Ettore Tolomei (1865–1952) und das Archivio per l'Alto Adige, Tübingen 1987

Gehler, Michael: Verspielte Selbstbestimmung? Die Südtirolfrage 1945/46 in US-Geheimdienstberichten und österreichischen Akten. Eine Dokumentation, Innsbruck 1996

Gruber, Alfons: Südtirol unter dem Faschismus, Bozen 1978 (3. Auflage)

Ders.: Südtirol unter dem Faschismus. Gegen die Avantgarde des Vergessens, Bozen 1995

Huter, Franz (Hrsg.): Südtirol – eine Frage des europäischen Gewissens, Wien-München 1965

Lill, Rudolf (Hrsg): Die Option der Südtiroler 1939, Bozen 1991

Marzari, Walter: Kanonikus Michael Gamper. Ein Kämpfer für Glauben und Heimat und gegen das Faschistenbeil und Hakenkreuz in Südtirol, Wien 1974

Parteli, Othmar: Südtirol (1918 bis 1970), Geschichte des Landes Tirol, Bd. 4/I, Bozen-Innsbruck-Wien 1988

Plaikner, Peter: Luis Durnwalder, der Südtiroler und Europäer, Styria premium, Wien 2011

Steininger, Rolf: Südtirol im 20. Jahrhundert. Vom Leben und Überleben einer Minderheit, Innsbruck-Wien 1999

Ders.: Südtirol im 20. Jahrhundert. Dokumente, Wien-Innsbruck 1999

Südtirol-Chronik. Das 20. Jahrhundert, Bozen 2000

Südtirol-Handbuch, hrsg. von der Südtiroler Landesregierung, Bozen 2000

Volgger, Friedl: Mit Südtirol am Scheideweg. Erlebte Geschichte, Innsbruck 1997

Bildnachweis

Sammlung Alberti, Gioacchino: S. 129

APA: S. 148

Athesia-Tappeiner Verlag: S. 36, 63

Autonome Provinz Bozen: S. 34

Heimatschutzverein Bozen: S. 115

Sammelstelle des Tiroler Geschichts-
vereins, Bozen: S. 74, 82

Blaas, Fritz: S. 46

Freie Universität Bozen: S. 150

Stadtarchiv Brixen: S. 41

Degle, Heinz: S. 53

Dolomitenarchiv: S. 12, 29/30, 32, 37,
39, 62, 67, 70, 116, 120, 132/133, 135,
138, 145, 147

Durnwalder, Luis: S. 152, 155, 158/159,
161

Gelmi, Josef: S. 78

Fototeca Touring Club Italiano,
Mailand: S. 45

Nössing, Reinhold: S. 77

Österreichische National-
bibliothek: S. 24, 27, 43

Österreichisches Staatsarchiv: S. 15

Studio Pedrotti, Bozen: S. 51

Seberich, Rainer: S. 55

Steininger, Rolf: S. 83

Südtiroler Landesarchiv: S. 54, 88, 92

Südtirol-Verlag, München: S. 112

Sammlung Tamboni, Rom: S. 119

Sammlung Volgger, Friedl: S. 110

National Archives, Washington: S. 95

Universität Wien, Institut für
Zeitgeschichte: S. 131

Wikipedia: S. 16, 21, 35, 103

Aus: »Bombe su Bolzano. 1940–1945«
von Ettore Frangipane: S. 85, 87,
89, 91

Aus: »Geschichte des Landes Tirol«,
Bd. 4: S. 32, 52

Aus: »Südtirol Chronik. Das 20. Jahrhundert«, Bozen 1999: S. 42, 81,
96, 107

Aus: »Silvius Magnago – Ein
Leben für Südtirol« von Hans
Benedikter: S. 108

Alfons Gruber

Geboren 1942, promovierte nach Studien der Geschichte und Germanistik in München und in Innsbruck bei Franz Huter über das Thema Südtirol unter dem Faschismus (Dissertation im Athesia-Verlag in drei Auflagen erschienen). Ab 1967 Lehrtätigkeit an Mittel- und Oberschule in Mühlbach und Bozen, unter anderem auch in leitender Funktion. Anschließend freier Publizist und Kulturredakteur der Tageszeitung »Dolomiten«, wofür er 1997 in Wien mit dem österreichischen Kunschak-Pressepreis ausgezeichnet wurde. Von 2000 bis 2008 Leiter des Athesia-Buchverlages in Bozen. In seiner Heimatgemeinde Mühlbach war er lange Jahre als Bürgermeister tätig.

Weitere Publikationen des Autors: »Der Faschismus in Südtirol – Gegen die Avantgarde des Vergessens« (Athesia Bozen 1995) sowie zahlreiche Aufsätze über die Geschichte Südtirols im 20. Jahrhundert in Zeitschriften und Zeitungen.